子《こ》どもにとって大切《たいせつ》なこと

まえがき

子《こ》どもたちは明《あか》るい光《ひかり》だ。人類《じんるい》の未来《みらい》がそこにある。ひとりひとりの子《こ》どもたちに、私《わたし》は希望《きぼう》を感《かん》じている。あなたは、自分《じぶん》の運命《うんめい》を決《き》めてゆける力《ちから》を持《も》っている。人間《にんげん》は、自分《じぶん》の信《しん》じるとおりの人物《じんぶつ》になってゆく。心《こころ》の中《なか》で思《おも》い続《つづ》ける自分《じぶん》の姿《すがた》が、大人《おとな》になったときの成功《せいこう》の絵《え》となって本当《ほんとう》にあらわれてくるのだ。

だから努力《どりょく》してゆこう。勇気《ゆうき》を持《も》とう。ねばり強《づよ》く勉強《べんきょう》していこう。

そして多《おお》くの人《ひと》たちを幸福《こうふく》にしていける人間《にんげん》になろう。心《こころ》の力《ちから》のすばらしさを信《しん》じ、明《あか》るく、成功《せいこう》する人《ひと》になろう。
この本《ほん》をくり返《かえ》し、親子《おやこ》で読《よ》めば、家族《かぞく》で助《たす》け合《あ》いながら、進《すす》むべき道《みち》が、はっきりと見《み》えてくるだろう。

二〇〇八年《ねん》　二月《がつ》

幸福《こうふく》の科学《かがく》グループ創始者兼総裁《そうししゃけんそうさい》

大川隆法《おおかわりゅうほう》

もくじ

幸福《こうふく》が丘町《おかまち》の人々

リョウ

幸福が丘小学校５年１組。こうき心おうせいでひょうきん。得意科目は理科と体育。サッカーチーム・ゴールデンヒーローズ所属。しょうらいの夢は天文学者。

リョウの守護霊《しゅごれい》

向上心にあふれた、天使の卵。リョウを見守っている。

アヤ

リョウの幼なじみでクラスメート。明るく思いやりのある女の子。得意科目は国語と音楽。習い事はピアノ。しょうらいの夢はファンタジー作家。

モンちゃん

アヤの父が開発した霊界通信ロボット〝モシモンキー〟

アヤの守護霊《しゅごれい》

美しさを追求する、女神の卵。アヤを見守っている。

第《だい》2章《しょう》 子《こ》どもにとっての心《こころ》の修行《しゅぎょう》

努々力志郎《どどりきしろう》

5年1組担任。30歳の熱血先生。ホイッスルがトレードマーク。

リョウの両親《りょうしん》

父：毎日いそがしい商社マン。
母：夕方まで経理の仕事。

クラスの友《とも》だち

チョロ
塾に通っている。いたずらっ子。

タク
リョウのサッカー仲間。気が短い。

ユカ
アヤの親友。いつも積極的。

アヤの両親《りょうしん》

父：通信機器メーカーの技術者。
母：しっかり者の専業主婦。

２０××年、幸福《こうふく》が丘町《おかまち》——。
また今日も努々力《どどりき》先生にしかられちゃったぁ……
あ～あ～
リョウ！リョーウ！待ってよ！
なんだよ
アヤ！幼なじみだからって気やすくよぶ……
ワッ

ジャーン!
かわいいでしょ? モシモンキーっていうの!
キュキュ~
!
…なにそのサル
モンちゃんだモ~ン★
キキッ
リョウくん今日も ワスレモノして後ろに立たされたんだモン★
知ってるモン
キュイ~ン
ウッ
なぜそれを!

第《だい》3章《しょう》 勉強《べんきょう》の王道《おうどう》

こんにちは―！
やあ！ ボクはリョウの守護霊《しゅごれい》だよ！
キラ
はじめまして！ 私はアヤの守護霊《しゅごれい》よ！
キラ
モンちゃんはパパが開発した最新の霊界《れいかい》通信ロボットなんだよ
モン☆
わあ

そうそう、リョウ 担任の先生をあまりこまらせたらダメだゾ～
キミにはいつも手を焼いて……
コツン
すべてお見通しかぁ…
ま、ともかく
リョウ アヤ…
キミたちがりっぱな大人になれるように、ボクたちはいつも見守っているよ
フワッ

パァー
さぁ！
未来はこれからだ！
子どもにとって大切なことをいっしょに学びましょう！
いくッチ～★
よーし！
がんばるぞー！
よろしくお願いします！

第《だい》1章《しょう》 子《こ》どもにとって大切《たいせつ》なこと

お父さん、ボクのサッカーの試合、今度こそ見にきてくれるって約束してたのに、また仕事だって。いつもすっぽかされるんだ。

私のパパもよ～。さいきん、会社のほうがとってもいそがしいみたいなの。ニガテな算数、分からないところを教えてほしいのに……。

はぁーっ……。（ためいき）

大人だって、いろいろと大変なのよ。

うわっ、守護霊さま！

キミたちだって、できることがあるはずだよ。さあ、これからいっしょにさがしていこうよ！

ココをチェック!

どうしたら勇気《ゆうき》を持《も》てるかな。
考《かんが》えてみよう。

1 勇気《ゆうき》を持《も》って明《あか》るく生《い》きよう

① 生《い》きていく勇気《ゆうき》を持《も》とう

これから、「子《こ》どもにとって大切《たいせつ》なこと」というお話《はなし》をしていこう。

最初《さいしょ》に君《きみ》たちに言《い》いたいことは、「生《い》きていく勇気《ゆうき》を持《も》ってほしい。」ということなんだ。

今《いま》、多《おお》くの大人《おとな》の人《ひと》たちは、ストレスに取《と》り囲《かこ》まれていて、いつも何《なに》かに押《お》さえつけられた感《かん》じのするような、苦《くる》しい毎日《まいにち》をすごしている。そういう大人社会《おとなしゃかい》のえいきょうで、子《こ》どもたちも、どちらかというと、ストレスというか、圧力《あつりょく》がかかって、苦《くる》しんでいるように見《み》える。

　大人《おとな》は、今《いま》、大変《たいへん》な時代《じだい》を生《い》きているわけだけれども、子《こ》どものみんなには、まだまだ未来《みらい》がある。これから、体《からだ》が大《おお》きくなり、頭《あたま》もどんどん良《よ》くなって、いろいろなことをやっていこうとしているところなので、君《きみ》たちも、もっともっと、「生《い》きていく勇気《ゆうき》」というものを持《も》ってほしいんだ。

　勇気《ゆうき》を出《だ》すためには、別《べつ》に、何《なに》か必要《ひつよう》なものがあるわけじゃない。それは君《きみ》の思《おも》い一つなんだ。

　ちょうど、マッチをするように、心《こころ》の中《なか》で、「勇気《ゆうき》を持《も》って生《い》きていこう。」「たくましく生《い》きていこう。」「力強《ちからづよ》く生《い》きていこう。」と決意《けつい》した

勇気を出すのは思いひとつ!
マッチをするように、自分の心の中で決意しよう!
勇気を持って生きていこう
たくましく生きていこう
力強く生きていこう

ら、そのときから、そのように生《い》きることはできるんだよ。

けれども、いくじなく生《い》きようとしたり、たよりなく生《い》きようとしたり、「○○があるから自分《じぶん》はだめなんだ。」と言《い》って、他《た》のもののせいにしたり、一生《いっしょう》けんめいに言《い》いわけをしようとしたりしていると、いつまでたっても良《よ》くならない。

みんなの中《なか》には、「お父《とう》さんが仕事《しごと》の問題《もんだい》をかかえていて苦《くる》しい。」という家《いえ》の子《こ》もいるだろう。「両親《りょうしん》の仲《なか》が悪《わる》い。」とか、「お母《かあ》さんも仕事《しごと》をしているからいそがしい。」とか、「家族《かぞく》の中《なか》に病人《びょうにん》がいる。」とか、いろいろと大変《たいへん》な人《ひと》もいると思《おも》う。

また、君《きみ》が今《いま》、調子《ちょうし》が悪《わる》かったり、やる気《き》が出《で》なかったりするのは、自分《じぶん》の外《そと》に何《なに》か理由《りゆう》があるからだと思《おも》えば、いくらでもさがせるだろう。

しかし、そうやって、ほかのもののせいにしてはいけないんだ。そうではなくて、「自分《じぶん》は自分《じぶん》なのだ。」と思《おも》わないといけないよ。

家族《かぞく》みんなが苦《くる》しかったり、とてもこまったことになっていたり、ストレスがたまっていたりするようなときには、「自分《じぶん》は自分《じぶん》でがんばっていこう。」「少《すく》なくとも自分一人《じぶんひとり》だけでも元気《げんき》になろう。」「勇気《ゆうき》を持《も》って生《い》きていこう。」という気持《きも》ちを持《も》つことが大事《だいじ》なんだね。

②自分《じぶん》の力《ちから》でまわりの人《ひと》を明《あか》るくしよう

子《こ》どもたちの中《なか》には、自分《じぶん》の勉強《べんきょう》ができないことや、やる気《き》が起《お》きないこと、不良《ふりょう》になったことなどを、親《おや》やきょうだいのせいにしたり、何《なに》かほかのもののせいにしたりして、たくさん理由《りゆう》をならべる人《ひと》がいる。

けれども、いつまでも人《ひと》のせいやまわりのもののせいにしていても、きりがない。「君《きみ》はどうなんだ。」ということだね。

逆《ぎゃく》に言《い》えば、「まわりが大変《たいへん》になればなるほど、自分《じぶん》が光《ひかり》をともしていかなければいけない。」ということなんだ。

静《しず》かな部屋《へや》の中《なか》で、ろうそくの火《ひ》をともすのは、かんたんかもしれない。けれども、あらしの中《なか》で、ろうそくの火《ひ》を守《まも》るのは、とても大変《たいへん》だ。すぐに火《ひ》が消《き》えてしまう。そのときに、火《ひ》を絶《た》やさずに燃《も》やしつづけるのは、とてもむずかしいことだ。

一家《いっか》の中《なか》に調子《ちょうし》の悪《わる》い人《ひと》がいるときには、たいていは、それがほかの人《ひと》にも移《うつ》って、みんな同《おな》じようになることが多《おお》いんだ。

けれども、その家族《かぞく》の中《なか》で、だれか一人《ひとり》が、「自分《じぶん》だけでも、灯火《とうか》をともそう。明《あか》るく生《い》きていこう。」という気持《きも》ちを持《も》って光《ひかり》をともしたら、それがほかの家《か》族《ぞく》にも移《うつ》っていく。きょうだいや、お母《かあ》さんや、お父《とう》さんに移《うつ》ったりすることがあるんだね。

そのときに、「自分《じぶん》はまだ大人《おとな》になっていないから、それだけの責任《せきにん》は負《お》えな

例えば…
親の手伝い
助かるわ
てつだうよ
友だちに声をかける
いっしょにサッカーやろうぜ!
いつも明るくする
こんにちは!
おとうとの世話
兄ちゃんがあそんでやるぞ!
キャハハ
キミにもできることって何かな?

いし、自分《じぶん》の自由《じゆう》になるものは何《なに》もない。」と思《おも》うかもしれない。そういうふうに、自分《じぶん》をつまらない人間《にんげん》だと思《おも》うのは、とてもかんたんなことだ。

でも、「だって、子《こ》どもなんだから、しかたがないでしょう。」と言《い》って、何《なん》でも言《い》いわけをしていたら、それ以上《いじょう》、何《なに》も求《もと》めることはできなくなるね。

子《こ》どもだって、やれることはあるはずだよ。子《こ》どもだって、自分《じぶん》の力《ちから》で、まわりの人《ひと》を明《あか》るくすることはできる。学校《がっこう》のクラスだってそうだし、家庭《かてい》だってそうだ。そのほかにも、できるところがあるかもしれない。

だから、まず、勇気《ゆうき》を持《も》って、「明《あか》るく生《い》きよう。」と決意《けつい》してほしいんだ。

勇気《ゆうき》を出《だ》すには、お金《かね》も経験《けいけん》もいらない。たくさんの知識《ちしき》もいらない。勇気《ゆうき》は、「自分《じぶん》が出《だ》そう。」と思《おも》ったときから、出《だ》すことができるものなんだ。

1 勇気《ゆうき》を持《も》って明《あか》るく生《い》きよう

ポイント

まず、勇気《ゆうき》を持《も》って、「明《あか》るく生《い》きよう。」と決意《けつい》してほしいんだ。

よーし、明るさならまかせといて！
みんなにも元気を分けてあげようよ

何《なに》か家《いえ》の手伝《てつだ》いをしているかな？
どんな手伝《てつだ》いならできるかな？

2　自分《じぶん》のことは自分《じぶん》でしよう

①「自助努力《じじょどりょく》の精神《せいしん》」を持《も》とう

それから、「勇気《ゆうき》」とともに言《い》っておきたいことは、「自助努力《じじょどりょく》の精神《せいしん》」だ。これは、「自分《じぶん》で自分《じぶん》のことを助《たす》ける。」ということだ（英語《えいご》では「セルフ・ヘルプ」という）。そういう気持《きも》ちを持《も》つことが大切《たいせつ》なんだね。これを学《まな》んでほしいんだ。

どこの国《くに》でも、国《くに》が発展《はってん》する時期《じき》には、この自助《じじょ》の精神《せいしん》を持《も》った人《ひと》、つまり、「自分《じぶん》のことは自分《じぶん》でやっていこう。」と思《おも》う人《ひと》が大勢《おおぜい》出《で》てくる。

ところが、国《くに》の力《ちから》がおとろえて、国《くに》がかたむいてくるときには、「〇〇が自分《じぶん》のめんどうを見《み》るべきだ。」と言《い》って、自《じ》分《ぶん》のことを自分《じぶん》でできない人《ひと》が、だんだん増《ふ》えてくるんだ。

そういう人《ひと》たちは、「国《くに》がめんどうを見《み》るべきだ。」「社会《しゃかい》がめんどうを見《み》るべきだ。」「都《と》や県《けん》がめんどうを見《み》るべきだ。」「町《まち》がめんどうを見《み》るべきだ。」「学校《がっこう》がやるべきだ。」などと言《い》って、何《なん》でもほかの人《ひと》のせいにするのだけれども、自分《じぶん》の責《せき》任《にん》のほうは言《い》わないんだね。

こんな人《ひと》が増《ふ》えてくると、国力《こくりょく》はだんだん落《お》ちてきて、国《くに》がかたむいていくん

発展期のイギリスを支えた「セルフ・ヘルプ」の精神

イギリス

イギリスが最も栄えていた19世紀。そのころ、スマイルズという人が『セルフ・ヘルプ』(自助論)という本を出した。「天は自ら助くる者を助く。」という言葉で有名な本だ。この中には、国の発展のために努力した人々の話が300人以上のっている。日本でも明治の初めに『西国立志編《さいごくりっしへん》』という名前で訳《やく》され、自助努力の大切さを学んだ若者たちが新しい日本をつくるためにがんばったんだ。

がんばってる人にこそ、天は道を開くんだね。

発展する国と
おとろえる国の違い
国の力は
住んでいる
人を見ると
分かるモン
自分のことは
自分でやろう！
みんなの
喜びのために
がんばるぞ！
まわりがすべて
悪いんだ！
国が責任を
とれ！
オトロエ国の人々
ハッテン国の人々

だ。そうすると、あるときまでは調子《ちょうし》がよくて強《つよ》かった国《くに》も、だんだん下《さ》がっていくようになる。

イギリスという国《くに》もそうだ。十七世紀《せいき》、十八世紀《せいき》、十九世紀《せいき》と、グーッと国力《こくりょく》が上《あ》がっていったときには、えらい人《ひと》がたくさん出《で》てきたんだ。「産業革命《さんぎょうかくめい》」（物《もの》を手作《てづく》りしていた時代《じだい》から、機械《きかい》を使《つか》ってたくさん作《つく》る時代《じだい》に変《か》わったこと）を引《ひ》っ張《ぱ》っていくような、りっぱな人《ひと》たちが出《で》てきた。そういう人《ひと》たちは、ほかの国《くに》にまで、どんどんえいきょうをおよぼすほど、強《つよ》い光《ひかり》だったんだね。

ところが、二十世紀《せいき》になってからは、「だれかにめんどうを見《み》てほしい。」とか、「国《くに》にめんどうを見《み》てほしい。」とか、ほかの人《ひと》にたよる気持《きも》ちの強《つよ》い人《ひと》が増《ふ》えてきたために、国力《こくりょく》がスーッと落《お》ちて、こまったこともあったんだ。

みんながやる気《き》を持《も》って、「自分《じぶん》の力《ちから》で生《い》きていこう。」と思《おも》っているときには、自分《じぶん》のまわりもだんだんよくなっていって、人《ひと》の助《たす》けがなくてもやっていけるようになるんだけれども、みんなが弱《よわ》っていって、まわりの人《ひと》からの助《たす》けがたくさん必要《ひつよう》な人《ひと》たちばかりの社会《しゃかい》になってくると、ますます、おたがいに悪《わる》くなっていくこともあるんだ。

それは、やさしい社会《しゃかい》ではあっても、だめになっていく社会《しゃかい》でもあるんだね。

日本《にほん》も、これまでは高度成長《こうどせいちょう》（短《みじか》い期間《きかん》に世《よ》の中《なか》が豊《ゆた》かになること）をしてきた。今後《こんご》、もう一段《いちだん》の発展《はってん》をしていくことができるか、それともだめになっていくかは、ここにかかっている。

子《こ》どもたちが、一人《ひとり》ひとり、自助努力《じじょどりょく》の精神《せいしん》を持《も》ち、「自分《じぶん》は自分《じぶん》でがんばっていこう。」という気持《きも》ちを持《も》っているうちは、国《くに》はだいじょうぶだと言《い》える。そういう国家《こっか》は、まだまだ成長《せいちょう》していけるんだ。

ところが、「まわりの人《ひと》や環境《かんきょう》のせいで自分《じぶん》はだめになったんだ。」と思《おも》うような子《こ》どもたちが増《ふ》え、大人《おとな》も、「そうだね。あっちもこっちもだめだから、もうだめだろうね。学校《がっこう》もだめだし、世《よ》の中《なか》もだめだし、会社《かいしゃ》もだめだし、みんなだめだから、子《こ》どもがだめになってもしかたがないね。」と言《い》うような時代《じだい》は、やさしい社会《しゃかい》に見《み》えるけれども、結局《けっきょく》、何《なに》もよくはならないんだ。

何《なに》も解決《かいけつ》しないで、みんなで、ぐちや不平不満《ふへいふまん》ばかりを言《い》っているような、そういう時代《じだい》になるわけだね。

りっぱな人《ひと》が出《で》てくる時期《じき》は、その国《くに》が上《あ》がっていくとき、のびていくときであることが多《おお》いし、また、そういうえらい人《ひと》が出《で》てくることによって、ほかの人《ひと》もがんばるようになり、国《くに》に力《ちから》が出《で》てくることもあるんだ。

②君《きみ》にも手伝《てつだ》える仕事《しごと》をさがそう

だから、みんなには、他《た》の人《ひと》にお願《ねが》いしてばかり、めいわくをかけてばかりの子《こ》どもにはなってほしくないんだ。まわりにたよる気持《きも》ちの強《つよ》い子《こ》になるのではなくて、「もっと自分《じぶん》でできることはないか。」と考《かんが》えてほしいんだね。

例《たと》えば、いつも大人《おとな》の人《ひと》がしていることでも、少《すこ》しは君《きみ》にだって手伝《てつだ》えることがあるんじゃないかな。

そう言《い》われると、「あれはお父《とう》さんの仕事《しごと》でしょ。」「あれはお母《かあ》さんの仕事《しごと》でしょ。」「あれはお兄《にい》ちゃんの仕事《しごと》でしょ。」「あれはお姉《ねえ》ちゃんのことなんだから、ぼくのことじゃないよ。」というような言《い》いわけが、いくらでも出《で》てくるかもしれない。

新しいお手伝いにもチャレンジしよう！

だけど、自分《じぶん》でできることだって、何《なに》かあるんじゃないかな。君《きみ》が「これはお母《かあ》さんの仕事《しごと》だ。」「これはお父《とう》さんの仕《し》事《ごと》だ。」と思《おも》っていることも、本当《ほんとう》はできるのではないかということだね。

　朝起《あさお》きて朝刊《ちょうかん》を取《と》りに行《い》くのは、必《かなら》ずしもお父《とう》さんの仕事《しごと》ではないかもしれない。犬《いぬ》の散歩《さんぽ》も、必《かなら》ずしもお父《とう》さんの仕《し》事《ごと》ではないかもしれない。戸《と》じまりをするのだって、お父《とう》さんの仕事《しごと》ではないかもしれないね。おふろの後《あと》かたづけをするのは、必《かなら》ずしもお母《かあ》さんの仕事《しごと》ではな

いかもしれない。

そういうことは、今《いま》まで君《きみ》の仕事《しごと》ではなかったというだけで、よく考《かんが》えてみたら、やってできないことはないはずだね。

子《こ》どもの時期《じき》に、そういう仕事《しごと》をしておくことも大事《だいじ》なことなんだ。

昔《むかし》の話《はなし》になるけれども、私《わたし》も、小学生《しょうがくせい》のときには、家《いえ》のおふろをわかす仕事《しごと》をしていたんだ。

昔《むかし》は、個人《こじん》の家庭《かてい》にはおふろがないことも多《おお》くて、みんな、二、三百メートルぐらい歩《ある》いて、銭湯《せんとう》に行《い》っていたものだけれども、私《わたし》の家《いえ》には木《き》でできたおふろがあったんだ。

みんなは、今《いま》のおふろがどんな仕組《しく》みになっているかは、よく分《わ》からないかもしれないけれども、水道《すいどう》のせんをひねるだけでお湯《ゆ》が出《で》てくるようになっているよね。とても便利《べんり》な世《よ》の中《なか》だね。

けれども、私《わたし》の小学生《しょうがくせい》のときのおふろは、今《いま》のようにガスや電気《でんき》でお湯《ゆ》をわかすようなものではなかったんだ。今《いま》の子《こ》は経験《けいけん》がないだろうけれど、昔《むかし》話《ばなし》にあるように、まきや石炭《せきたん》などの燃《ねん》料《りょう》を燃《も》やして、おふろのお湯《ゆ》をわかしていたんだよ。

昔《むかし》のおふろをわかすにはコツがいる。いきなり太《ふと》い木《き》に火《ひ》をつけようとしても、なかなか火《ひ》がつかなくて苦労《くろう》するんだ。だから、初《はじ》めは新聞紙《しんぶんし》などに火《ひ》をつけて、次《つぎ》に、うすくはいだよう

昔のおふろ

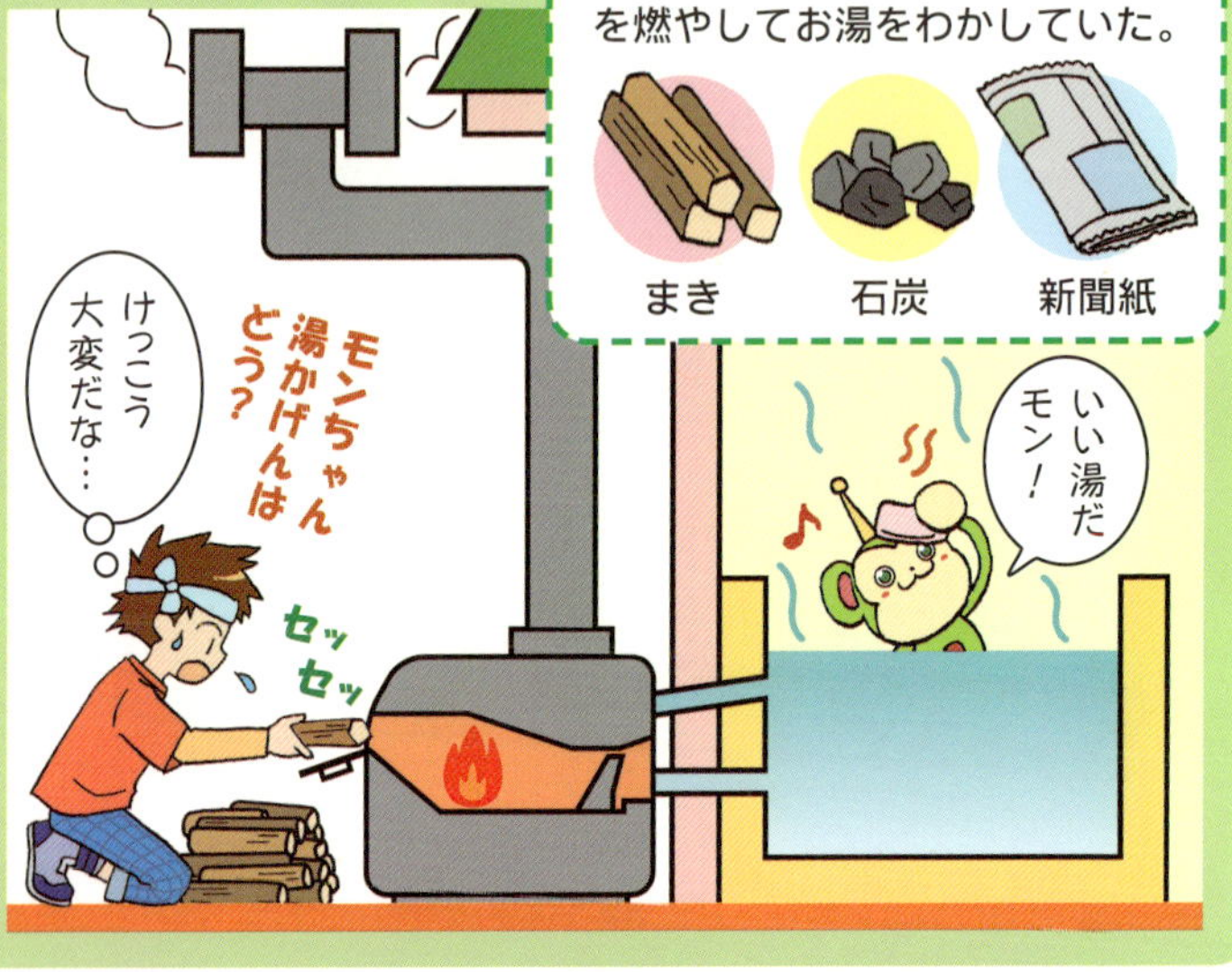
家の外でまきや石炭などの燃料を燃やしてお湯をわかしていた。
まき
石炭
新聞紙
いい湯だモン！
モンちゃん湯かげんはどう？
けっこう大変だな…
セッセッ

な木《き》や、切《き》れっぱしのような木《き》を入《い》れる。それが燃《も》えてきたら、少《すこ》しずつ太《ふと》めの木《き》を入《い》れていくんだ。そして、火力《かりょく》が強《つよ》くなってきたら、石炭《せきたん》を入《い》れ、さらに火《か》力《りょく》を強《つよ》くして、湯《ゆ》かげんを調整《ちょうせい》する。こうして、お湯《ゆ》をわかしていたんだ。

そして、家族《かぞく》の入浴《にゅうよく》が終《お》わった後《あと》は、洗《あら》い場《ば》の「すのこ」という足置《あしお》きの板《いた》をうら返《がえ》して、おふろ場《ば》のそうじをする仕事《しごと》もあった。

小学生《しょうがくせい》のときの私《わたし》は、そういう仕事《しごと》を受《う》け持《も》っていたんだ。私《わたし》も、やるべきことはちゃんとやっていたんだよ。

こういう仕事《しごと》を、毎日毎日《まいにちまいにち》、きちんとやらなければいけないのは、けっこう大《たい》変《へん》なことだ。

おふろをわかすのでも、ぼんやりしていると、お湯《ゆ》がなくなっているのに気《き》がつかないまま空《から》だきをして、ふろがまがわれてしまうことだってある。火《ひ》のつけ方《かた》が悪《わる》ければ、燃料《ねんりょう》をむだにすることもあるし、とちゅうで火《ひ》が消《き》えてしまって、

「おふろに入《はい》る時間《じかん》になっても、まだわいていない。」ということだってある。家《か》族《ぞく》がばらばらの時間《じかん》に入《はい》ったりするときには、ときどき火《ひ》かげんを見《み》ないと、いつのまにか火《ひ》が消《き》えていることもあるんだ。

こういうふうに、子《こ》どもが火《ひ》をあつかうのは、けっこうむずかしいことだったと思《おも》う。こんな仕事《しごと》をしていた経験《けいけん》が私《わたし》にもあるんだよ。

③責任《せきにん》を持《も》って家《いえ》のお手伝《てつだ》いを続《つづ》けよう

今《いま》の子《こ》どもは、けっこういそがしいので、両親《りょうしん》からは、「あなたは勉強《べんきょう》があるから、家《いえ》のことはしなくていいわよ。」と言《い》われることが多《おお》いかもしれない。

でも、責任《せきにん》のある仕事《しごと》を持《も》つということは、マイナスにはならないんだ。子《こ》どもであっても、「これは自分《じぶん》の責任《せきにん》だ。」と思《おも》って、毎日毎日《まいにちまいにち》やっていくことが、大人《おとな》になっていくための練習《れんしゅう》になるんだね。

君《きみ》にもできる仕事《しごと》は何《なに》かあるはずだよ。

それを、毎日毎日《まいにちまいにち》、きちんとやるということは、とても大変《たいへん》なことだ。毎朝《まいあさ》、同《おな》じ時間《じかん》に起《お》きて、花《はな》に水《みず》をやったり、金魚《きんぎょ》にえさをやったりするのは、やはりめんどうだし、つい、わすれてしまったりする。

でも、お父《とう》さんやお母《かあ》さんが毎日毎日《まいにちまいにち》やっていることは、やらないですむというわけにはいかないんだ。

お母《かあ》さんだって、「きょうはつかれたから、ご飯《はん》を作《つく》りません。」と言《い》いたい日《ひ》も、本当《ほんとう》はあるんだ。

「イスラム教《きょう》という宗教《しゅうきょう》では、『断食《だんじき》』といって、食事《しょくじ》をしないこともあるそうだから、一日《にち》ぐらい、ご飯《はん》を作《つく》らなくてもかまわないでしょう。きょうは家事《かじ》を休《やす》みにしたいから、あなたたちも断食《だんじき》しなさい。」と言《い》いたくなる日《ひ》だってあるのだけれども、そういうわけにはいかないよね。

お父《とう》さんだって、本当《ほんとう》は会社《かいしゃ》を休《やす》みたい日《ひ》はいっぱいある。「レクリエーションだ。」と言《い》って、休日《きゅうじつ》に家族《かぞく》を連《つ》れて山登《やまのぼ》りをしたり遊園地《ゆうえんち》へ行《い》ったりしたら、月曜日《げつようび》は、お父《とう》さんもつらくて、本当《ほんとう》は働《はたら》きたくないんだ。

会社《かいしゃ》へ行《い》っても、月曜日《げつようび》の午前中《ごぜんちゅう》いっぱいぐらいは、ボーッとしていて、仕事《しごと》でミスをしたり、やる気《き》が起《お》きなかったりする。電話《でんわ》にものろのろと出《で》て、上司《じょうし》からおこられたり、取引先《とりひきさき》から、「先週《せんしゅう》たのんであったのに、まだできていない。」とおこられたりして、月曜日《げつようび》にはさんざんなことがけっこうあるんだ。

だから、土日《どにち》に子《こ》どもの世話《せわ》をしたら、月曜日《げつようび》は「お父《とう》さんの日《ひ》」にして、本当《ほん》は休《やす》みたいぐらいなんだけれど、その月曜日《げつようび》にも満員電車《まんいんでんしゃ》に乗《の》って出《で》ていかなければいけないんだ。つらいことだね。

こういうふうに、大人《おとな》になると、いやでも毎日毎日《まいにちまいにち》やらなければいけないことがある。だから、子《こ》どもであっても、「自分《じぶん》のできることは何《なに》か」を考《かんが》えることが大切《たいせつ》なんだね。

そして、それをわすれずに毎日《まいにち》できるということは、すごいことだ。大人《おとな》が君《きみ》に仕事《しごと》を任《まか》せるということは、別《べつ》に、大人《おとな》がさぼろうとしているわけではないんだよ。

もし、君《きみ》が手伝《てつだ》いをするときに、「やってはいるんだけれども、ときどき、わすれてしまう。」というような仕事《しごと》をしていたら、大人《おとな》が、それを点検《てんけん》しなければならなくなる。

「あの子《こ》は、ちゃんと犬《いぬ》にえさを

ふろそうじも花の水やりもボクやるよ！

ど～んとまかせてよ！

あら！

そんなにできるの？

リョウ！水やりは？

しまった！

プン！

プン！

自分の仕事は責任を持ってきちんと続けよう！

FIGHT!


キミが仕事をわすれると大変！

やってくれたかしら。ときどきわすれるから、こまるのよね。」と心配《しんぱい》されるような仕事《しごと》だったら、それを確認《かくにん》するための人《ひと》が必要《ひつよう》になってしまう。そうすると、大人《おとな》の仕事《しごと》は減《へ》らず、かえって増《ふ》えてしまうわけだね。

だから、大人《おとな》が君《きみ》に任《まか》せた仕事《しごと》を気《き》にしなくてもすむようになるのは、いいことなんだ。「あの子《こ》に任《まか》せておけば、だいじょうぶだ。」と思《おも》われるように、仕事《しごと》がきちんとできるのは、とてもよいことなんだね。

リョウがおふろのそうじをしっかりやってくれて助かるわ！
安心して任せられるな！

2 自分《じぶん》のことは自分《じぶん》でしよう

ポイント

「自分《じぶん》にできることはないか。」と考《かんが》えてほしいんだ。

キミも自分にできることを考えてみようネ！
今日もピッカピカにみがくぞ！
兄ちゃんボクも手伝うよ！
お手伝いしっかりできるようになったッチ！

自分《じぶん》の頭《あたま》で考《かんが》えることはどうして大切《たいせつ》なのかな？

3 自分《じぶん》で考《かんが》え、自分《じぶん》で勉強《べんきょう》しよう

①大人《おとな》にたよらずに勉強《べんきょう》しよう

勉強《べんきょう》についても、家《いえ》のお手伝《てつだ》いと同《おな》じことが言《い》える。

今《いま》は、「小学生《しょうがくせい》は自分一人《じぶんひとり》で勉強《べんきょう》をするのは無理《むり》だ。」と考《かんが》える人《ひと》が多《おお》いようだね。だから、塾《じゅく》に通《かよ》う子《こ》もたくさんいるし、六年生《ねんせい》ぐらいまでは親《おや》が勉強《べんきょう》を見《み》ることも多《おお》い。子《こ》どものほうも、「親《おや》が勉強《べんきょう》を見《み》てくれるのは当《あ》たり前《まえ》だ。」と思《おも》っている子《こ》は多《おお》いと思《おも》う。

けれども、大人《おとな》が勉強《べんきょう》を見《み》てくれるということは、必《かなら》ずしも当然《とうぜん》のことではないんだよ。手《て》が空《あ》いていたりして時間《じかん》があれば、見《み》てくれることもあるだろうけれど、大人《おとな》は、子《こ》どもの勉強《べんきょう》を見《み》ることを仕事《しごと》にしているわけではないんだ。

手《て》が空《あ》いていたりして時間《じかん》があるときに、大人《おとな》に勉強《べんきょう》を見《み》てもらうのは、悪《わる》いことではないと思《おも》うかもしれない。けれども、大人《おとな》でも、子《こ》どもに教《おし》える仕事《しごと》を職業《しょくぎょう》にしていない人《ひと》にとっては、子《こ》どもの勉強《べんきょう》を見《み》るのは大変《たいへん》なことだ。大人《おとな》の仕事《しごと》のほうにもえいきょうが出《で》てくるので、毎日毎日《まいにちまいにち》、勉強《べんきょう》を見《み》るというわけにはいかないんだよ。

だから、「ぼくが勉強《べんきょう》でこまっているんだから、大人《おとな》がめんどうを見《み》るのは当《あ》たり前《まえ》だろう。」と思《おも》っている人《ひと》もいるかもしれないけれども、そういうことを分《わ》からなければいけないね。

大人《おとな》には大人《おとな》の仕事《しごと》があり、一日《にち》の組《く》み立《た》てというものがあるんだ。

君《きみ》が、算数《さんすう》の問題《もんだい》ができなくてこまっている日《ひ》に、たまたま大人《おとな》のほうもいそ

がしいことだってある。そういうとき
に、わがままが出《で》るかもしれないね。
「ぼくが勉強《べんきょう》でこまっているのに、どう
して見《み》てくれないんだ。」と思《おも》うかもし
れない。
けれども、基本的《きほんてき》には、「大人《おとな》が助《たす》け
てくれる。」という気持《きも》ちをあまり持《も》ち
すぎると、あとあと良《よ》くないことが多《おお》
いんだね。
大人《おとな》が助《たす》けてくれることもあるけれ
ど、やはり、「自分《じぶん》のことは自分《じぶん》です
る。」というのが基本《きほん》なんだ。大人《おとな》が助《たす》

パパ！算数教えて！
いま仕事でいそがしいから自分でやりなさい
せっせっ
算数
ムス～
なんで見てくれないの！
あまりわがまま言ったらダメよ
ダメだモン！

大人だっていそがしい！

けてくれるときもあるけれど、それは好意《こうい》でやってくれているのであって、本当《ほんとう》は助《たす》けてくれなくて当然《とうぜん》なんだね。

学校《がっこう》では、勉強《べんきょう》ができなければ、できないなりのあつかいをされる。成績《せいせき》が平《へい》均《きん》ぐらいだとか、平均以下《へいきんいか》だとかいう結果《けっか》が出《で》るけれど、それは、しかたのないことだ。

それに、ほかの子《こ》だって、いつも大人《おとな》がそばにいて、学校《がっこう》の成績《せいせき》を上《あ》げるために努力《どりょく》してくれているわけじゃないんだ。

塾《じゅく》に通《かよ》っていても、家《いえ》でお母《かあ》さんが教《おし》えてくれる人《ひと》と教《おし》えてくれない人《ひと》、お父《とう》さんが教《おし》えてくれる人《ひと》と教《おし》えてくれない人《ひと》、家庭教師《かていきょうし》がつく人《ひと》とつかない人《ひと》がいる。みんな同《おな》じではなく、人《ひと》によってまちまちなんだね。

だから、「自分《じぶん》の成績《せいせき》が悪《わる》かったのは大人《おとな》の助《たす》けがなかったからだ。」と言《い》ってみても、何《なに》も解決《かいけつ》はしないんだよ。

②自分《じぶん》の力《ちから》のはんいで戦《たたか》っていこう

中学《ちゅうがく》へ行《い》っても、高校《こうこう》へ行《い》っても、大学《だいがく》へ行《い》っても、最後《さいご》は、勉強《べんきょう》は自分《じぶん》でするものなんだ。自分《じぶん》で勉強《べんきょう》して、ついていくことができないような子《こ》どもには、大人《おとな》も長《なが》くは付《つ》き合《あ》っていられない。だから、「基本《きほん》は自分自身《じぶんじしん》の戦《たたか》いになるんだ。」ということを知《し》ってほしい。

そのとちゅうで、多少《たしょう》は大人《おとな》の助力《じょりょく》もあるかもしれないけれども、助《たす》けてもらうほうを中心《ちゅうしん》にしてはいけないんだ。あくまでも、自分《じぶん》の力《ちから》でやっていくことが大事《だいじ》だし、自分《じぶん》の力《ちから》でやれないのだったら、それは、あきらめなければいけない。勉強《べんきょう》は自分《じぶん》でやるのが基本《きほん》だとすると、自分《じぶん》でやってできないものについて、それ以上《いじょう》のものを求《もと》めるのは、やはり欲張《よくば》りだと言《い》うしかないだろうね。勉強《べんきょう》は、プライドのためだけにやるものではないんだ。

「勉強《べんきょう》はしたくないけれども、いい成績《せいせき》を取《と》りたい。」とか、「勉強《べんきょう》はきらいだけれども、いい学校《がっこう》へ行《い》きたい。」とか言《い》うのは、矛盾《むじゅん》したこと（つじつまの合《あ》わないこと）だ。

むずかしい学校《がっこう》へ行《い》ったら、勉強《べんきょう》で、もっとしぼられることになるんだよ。それなのに、「勉強《べんきょう》はしたくないけれど、むずかしい学校《がっこう》へ行《い》きたい。」と言《い》うのは、おかしなことだね。それは見《み》えだけで言《い》っていることだ。

だから、どうか、「自分《じぶん》の力《ちから》のはんいで戦《たたか》っていこう。」という気持《きも》ちを持《も》ってほしいんだ。そう思《おも》って、がんばっていけば、だんだん力《ちから》がついてきて、自分《じぶん》でできることも増《ふ》えてくる。

ちょっと分《わ》からない問題《もんだい》があると、すぐ、「大人《おとな》に教《おし》えてもらおう。」という気持《きも》ちの強《つよ》い子《こ》は、いつまでたっても、自分《じぶん》で新《あたら》しい問題《もんだい》を解《と》く力《ちから》がついていかないんだ。

何度も考えてみよう!

1回め
10cm
10cm
ウ〜ン
2回め
おうぎ形
三角形
あっ!
3回め
10×10×3.14÷4＝78.5
10×10÷2＝50
78.5-50＝28.5
×2
28.5×2=
57cm²
分かった!

「一度、解《と》こうとしたけれども、分《わ》からなかった。」というときには、しばらく時間《じかん》をおいてから、二回目《かいめ》、三回目《かいめ》とやってみることだね。それでも、どうしても解《と》けないというときには、大人《おとな》に聞《き》いてみるのもよいかもしれない。

「できるだけ自分《じぶん》で考《かんが》えてみよう。」と思《おも》う人《ひと》のほうが、本当《ほんとう》は強《つよ》くなるんだ。入試《にゅうし》などの問題《もんだい》は、初《はじ》めて見《み》る問題《もんだい》がほとんどだ。そのときに、「解《と》けない。だれか教《おし》えて。」と言《い》っても、教《おし》えてくれるわけはないよね。だから、大《おお》きなテストや入試《にゅうし》などでは、ふだん自《じ》分《ぶん》で考《かんが》えている人《ひと》のほうが強《つよ》いんだね。

まず自分自身《じぶんじしん》で考《かんが》えてみよう。たとえ、「むずかしいなあ。」と思《おも》っても、五分《ふん》でも十分《ぶん》でも、まず自分《じぶん》で考《かんが》えてみることだ。解《と》けない問題《もんだい》が出てくると、泣《な》いてしまうかもしれないけれども、「自分《じぶん》に分《わ》からない問題《もんだい》がある。」ということを知《し》るのも大事《だいじ》なことだね。

③分《わ》からないことは先生《せんせい》に質問《しつもん》しよう

自分《じぶん》に分《わ》からない問題《もんだい》があると知《し》ることによって、初《はじ》めて、学校《がっこう》の先生《せんせい》の授業《じゅぎょう》をしんけんに聞《き》くようになる。そして、先生《せんせい》にも質問《しつもん》できるようになる。授業《じゅぎょう》で分《わ》からないことがあったら、先生《せんせい》に質問《しつもん》をすればいいんだ。きちんと質問《しつもん》をしていくうちに、成績《せいせき》ものびることがある。

ところが、自分《じぶん》が分《わ》からないことを、みんなに知《し》られるのがはずかしいから、授業中《じゅぎょうちゅう》に質問《しつもん》ができない子《こ》もいるんじゃないかな。それで、「家《いえ》で親《おや》が勉強《べんきょう》を教《おし》えてくれない。」とか、「自分《じぶん》で解《と》けない。」とか言《い》って、なやんでいたりするんだ。

でも、それなら、後《あと》で先生《せんせい》に質問《しつもん》しに行《い》けばいいことだね。

質問《しつもん》をしに行《い》くと、先生《せんせい》から、「それは先週《せんしゅう》の授業《じゅぎょう》でやったことじゃないか。君《きみ》は聞《き》いていなかったのか。」と言《い》われて、はじをかくこともあるかもしれない。

もし、君《きみ》が授業中《じゅぎょうちゅう》にねていたとか、落書《らくが》きをしていたとか、となりの子《こ》にちょっかいを出《だ》していたとか、そんなことで聞《き》き落《お》とした内容《ないよう》を質問《しつもん》しに行《い》ったら、はじをかくね。友《とも》だちにも笑《わら》われてしまうね。

「ぼくにとってはむずかしい問題《もんだい》だと思《おも》ったけれども、あのとき授業《じゅぎょう》を聞《き》いていなかっただけなのか。」と、はずかしい思《おも》いをする。

先生《せんせい》には、「ほかの子《こ》は分《わ》かっているのに、君《きみ》は知《し》らないのかい。」と言《い》われるかもしれないけれども、それでめげてはだめだよ。そうやって先生《せんせい》に質問《しつもん》するようになると、「これからは、はじをかかないように、しっかりと授業《じゅぎょう》を聞《き》こう。」と思《おも》うようになるんだ。

先生《せんせい》が授業《じゅぎょう》で言《い》わなかったことについては質問《しつもん》してもよいけれども、先生《せんせい》が言《い》ったのに聞《き》いていなかったときには、はじをかくし、へたをすると、質問《しつもん》に行《い》って逆《ぎゃく》におこられてしまうことがある。そのきんちょう感《かん》がいいんだ。それで、勉強《べんきょう》ができるようになるんだね。

ハイ!
ハイ!
ハイ!
先生 質問!
オイオイ
質問はいいが、そこはさっき教えたばかりだぞ!
ドッ!
またかよー
となりの子とおしゃべりして聞いてないんだモン
……

授業はちゃんと聞こう!

塾《じゅく》の勉強《べんきょう》も、とてもむずかしい。分《わ》からない問題《もんだい》を家《いえ》に持《も》ち帰《かえ》っても、お父《とう》さんやお母《かあ》さんにも解《と》けないぐらい、むずかしいものがある。だから、親《おや》が君《きみ》たちの勉強《べんきょう》を見《み》ようとすると、一生《いっしょう》けんめいに予習《よしゅう》・復習《ふくしゅう》をしなければいけなくなる。でも、そこまでする時間《じかん》はないから、「勉強《べんきょう》の相手《あいて》なんかできない。」と、おこりだすこともあるだろうね。お父《とう》さんやお母《かあ》さんも、子《こ》どもの勉強《べんきょう》にかかりきりにはなれないんだ。

それで、「塾《じゅく》の勉強《べんきょう》は塾《じゅく》で解決《かいけつ》しなさい。」と言《い》われることになる。そういう場《ば》合《あい》には塾《じゅく》の先生《せんせい》に質問《しつもん》をすればいいんだ。

だけど、中《なか》には、「塾《じゅく》の先生《せんせい》に質問《しつもん》ができないんだ。」と言《い》う子《こ》もいるね。親《おや》が「どうして?」と聞《き》くと、「だって、全部《ぜんぶ》分《わ》からないんだもの。」という答《こた》えが返《かえ》ってきたりする。

全部《ぜんぶ》分《わ》からないのでは大変《たいへん》だ。きょうも分《わ》からない、次《つぎ》の日《ひ》も分《わ》からない、その次《つぎ》の日《ひ》も分《わ》からないということになるね。塾《じゅく》で何《なに》をしているかというと、ねているだけというわけだ。これでは、こまってしまうね。

塾《じゅく》へ勉強《べんきょう》に行《い》くのではなく遊《あそ》びに行《い》っている人《ひと》も、中《なか》にはいる。こういう子《こ》は、大人《おとな》の助《たす》けがないほうが、かえっていいんだ。遊《あそ》んでばかりいると、だんだん成《せい》績《せき》も下《さ》がっていくだろうから、ある程度《ていど》まで下《さ》がれば、自分《じぶん》でもあせりはじめるだろう。

そのように、学校《がっこう》の勉強《べんきょう》については、学校《がっこう》の先生《せんせい》に、できるだけ質問《しつもん》をすることが大切《たいせつ》なんだ。もし、質問《しつもん》をするのがはずかしいなら、授業《じゅぎょう》をしんけんに聞《き》くことだね。しんけんに聞《き》いているうちに、分《わ》かるようになってくるんだ。授業《じゅぎょう》の予習《よしゅう》・復習《ふくしゅう》をこまめにやっていれば、あまりばかなことを質問《しつもん》しなくてもすむし、予習《よしゅう》をしているうちに自分《じぶん》で分《わ》かることもある。

塾《じゅく》でもそうだよ。自分《じぶん》で予習《よしゅう》・復習《ふくしゅう》をしたり、塾《じゅく》の先生《せんせい》に質問《しつもん》をしたりしているうちに、だんだん自分《じぶん》でやり方《かた》が分《わ》かってくることがあるんだ。

④考《かんが》える力《ちから》をつけて学力《がくりょく》をのばそう

こういうふうに、何《なん》でもかんでも他人《たにん》の力《ちから》を借《か》りようとしないで、自分《じぶん》でやれるはんいのことは自分《じぶん》でやっていこうとすることが大事《だいじ》だね。そういう力《ちから》をつけることが、実《じつ》は、学力《がくりょく》をのばしていくためのひけつなんだ。

学年《がくねん》が上《あ》がっていくと、今《いま》まで習《なら》わなかった問題《もんだい》に出《で》あうことになる。初《はじ》めての問題《もんだい》が出《で》てくるんだ。初《はじ》めての問題《もんだい》を習《なら》うときに、どれだけ理解《りかい》できるかということだね。そのときに、できなくて投《な》げ出《だ》す人《ひと》、引《ひ》き下《さ》がっていく人《ひと》は、いつまでたっても学力《がくりょく》がのびないんだ。

だから、勉強《べんきょう》のほうでも、「自分《じぶん》でやれるところは自分《じぶん》でやっていこう。」という気持《きも》ちが大事《だいじ》だ。これが、学力《がくりょく》をのばしていく力《ちから》になるんだね。

今《いま》は、塾《じゅく》がはやっているし、家庭教師《かていきょうし》もたくさんいるので、子《こ》どもは勉強《べんきょう》がとてもやりやすくなっている。でも、親切《しんせつ》すぎるために、かえって勉強《べんきょう》のしかたが受《う》け身《み》になってしまい、先生《せんせい》の言《い》うことをただただ聞《き》くだけという人《ひと》も増《ふ》えているようだ。

みんなの中《なか》にも、「塾《じゅく》の先生《せんせい》がこう言《い》った。」「家庭教師《かていきょうし》の先生《せんせい》がこう言《い》った。」

学力をのばすひけつ

★授業をしんけんに聞く

そうか！

★予習・復習をする

今日習ったことは…

★あきらめないで考える

もう一度考えてみよう！

みんなはできてるモン？

ということで、先生《せんせい》に言《い》われたことはするけれども、自分《じぶん》からは何《なに》もできないという人《ひと》は、けっこう多《おお》いのではないかな。

2節《せつ》「自分《じぶん》のことは自分《じぶん》でしよう」の中《なか》で、「自分《じぶん》のことは自分《じぶん》でやろう。」という気持《きも》ち、自助《じじょ》の精神《せいしん》を持《も》った人《ひと》が多《おお》いときには、国《くに》が発展《はってん》するけれども、人《ひと》にめんどうを見《み》てもらいたいと思《おも》う人《ひと》、つまり、社会福祉《しゃかいふくし》（国《くに》が生活《せいかつ》の大変《たいへん》な人《ひと》を助《たす》けること）などでお金《かね》をもらったり、だれかにお世話《せわ》をしてもらえないと生《い》きていけないような人《ひと》が増《ふ》えてくると、国力《こくりょく》が下《さ》がって国《くに》がかたむいていくという話《はなし》をしたね。

君《きみ》たちが勉強《べんきょう》するときにも、同《おな》じようなことがあるんだ。

今《いま》は、塾《じゅく》や家庭教師《かていきょうし》など、便利《べんり》なものがたくさんある。お金《かね》をはらえば、そういう所《ところ》に通《かよ》ったり、教《おし》えに来《き》てもらったりする。

けれども、いつも人《ひと》についてもらって教《おそ》わってばかりいると、子《こ》どもから、自《じ》分《ぶん》で努力《どりょく》しようとするところ、自助努力《じじょどりょく》する気持《きも》ちが失《うしな》われて、自分《じぶん》でできなくなってしまうことがあるんだ。親切《しんせつ》があだになって、自分《じぶん》の力《ちから》でできなくなることには、気《き》をつけなければいけないね。

だから、分《わ》からないことにたえること、分《わ》からないことを、がんばって考《かんが》えてみること、自分《じぶん》の能力《のうりょく》の限界《げんかい》（これ以上《いじょう》はできないという、ぎりぎりのはんい）にぶつかって苦《くる》しむことも、大事《だいじ》な大事《だいじ》な経験《けいけん》なんだ。

君《きみ》たちも、受《う》け身《み》になりすぎないで、「自分《じぶん》でやっていこう。分《わ》からないことにもたえていこう。」という気持《きも》ちを持《も》ってほしい。

⑤自分《じぶん》でできることを増《ふ》やしていこう

ただ、やっぱり、いつまでたっても解《と》けない問題《もんだい》も、あることはあるね。それは大人《おとな》になっても同《おな》じだよ。

大人《おとな》にも、どうがんばってもできない仕事《しごと》はあるんだ。がんばってできる仕事《しごと》もあれば、できない仕事《しごと》もある。それから、人《ひと》の力《ちから》を借《か》りればできる仕事《しごと》というのもある。仕事《しごと》には、「自分《じぶん》でできる仕事《しごと》」と、「人《ひと》にやってもらわないとできない仕事《しごと》」と、「人《ひと》の助《たす》けを借《か》りれば自分《じぶん》でもできる仕事《しごと》」、だいたい、この三種類《しゅるい》があるんだ。

これと同《おな》じように、子《こ》どもの勉強《べんきょう》にも、「自《じ》分《ぶん》でできる勉強《べんきょう》」「人《ひと》に教《おそ》わらないとできない勉強《べんきょう》」「人《ひと》の助《たす》けを借《か》りればできる勉強《べんきょう》」の三種類《しゅるい》があるけれども、できるだけ、自分《じぶん》でできることを増《ふ》やしていくことが大事《だいじ》だと思《おも》う。

私《わたし》が子《こ》どものときは、自分自身《じぶんじしん》で勉強《べんきょう》することが多《おお》かったので、今《いま》の都会《とかい》の子《こ》たちのように、

子どもの勉強の
しかたに
三種類あるモン
こうすれば…
そうかぁ
人の助けを借りれば
自分でもできる

塾《じゅく》や家庭教師《かていきょうし》が多《おお》いような所《ところ》での勉強《べんきょう》のしかたは、よく分《わ》からないところもある。

そのころの勉強《べんきょう》のしかたを思《おも》い出《だ》すと、「能率《のうりつ》（はかどる速《はや》さ）の悪《わる》いことが多《おお》かったかな。」と思《おも》うこともあるけれども、「大人《おとな》になってから役《やく》に立《た》ったことがずいぶんある。」とも感《かん》じるんだ。

大人《おとな》になると、だれかがいろいろと教《おし》えてくれることは、あまりなくなるんだ。教《おし》えてくれる人《ひと》がだんだんいなくなるので、自分《じぶん》で勉強《べんきょう》するしかなくなる。自分《じぶん》で本《ほん》を買《か》ってきて、それを読《よ》んで勉強《べんきょう》するのがふつうになるんだね。

できるだけ、自分で勉強することが大事！
自分で勉強して考えるくせをつけると、大人になっても役立つわ！
がんばるぞ！
自分でできる！
チョロ教えてくれよ～
またですか～
人に教わらないとできない

だから、子《こ》ども時代《じだい》に、自分《じぶん》で勉強《べんきょう》をして考《かんが》えるくせをつけたことが、大人《おとな》になってからずいぶん役《やく》に立《た》っていると感《かん》じるんだ。

いい成績《せいせき》を出《だ》すために、いろいろな方法《ほうほう》を使《つか》うのは大事《だいじ》なことではある。けれども、そのために、「だれかに勉強《べんきょう》を教《おし》えてもらおう。」と思《おも》って、あまり人《ひと》にたよりすぎるのではなく、自分《じぶん》の力《ちから》を知《し》って、その力《ちから》のはんいで戦《たたか》いながら進《すす》んでいくことも大事《だいじ》なことだ。

本来《ほんらい》、君《きみ》の持《も》っている力《ちから》から見《み》れば、「このくらいなら、まわりの人《ひと》たちからほめられても当然《とうぜん》だ。」と思《おも》えるはんいがあると思《おも》う。そこで自分《じぶん》の力《ちから》を確《たし》かめながら進《すす》んでいくことも大事《だいじ》ではないかと思《おも》う。

自分《じぶん》の力《ちから》以上《いじょう》のプライドを持《も》ったり、他《た》の人《ひと》たちから自分《じぶん》の力《ちから》以上《いじょう》にほめたたえられたりすることは、あとあとの失敗《しっぱい》にもつながってしまうかもしれないので、気《き》をつけなければいけないね。

3 自分《じぶん》で考《かんが》え、自分《じぶん》で勉強《べんきょう》しよう

ポイント

人《ひと》にたよりすぎず、なるべく自分《じぶん》の力《ちから》で勉強《べんきょう》することが大事《だいじ》だね。

分からなかったところ、何度も考え直したらとけたよ！
やったね！
一生けんめい考えて、答えが分かったときってうれしいよね！

いろいろな意見《いけん》がぶつかる時《とき》には、どうしたら良《よ》いと思《おも》う?

4 自分《じぶん》にとって大事《だいじ》なものを選《えら》んでいこう

①「自己責任《じこせきにん》」を学《まな》んでいこう

さらに、子《こ》ども時代《じだい》に学《まな》んでいかなければいけないことがある。それは、むずかしい言葉《ことば》で言《い》うと、「価値観《かちかん》」ということなんだ。

この「価値《かち》」とは、ねうちがあるもののことだね。だから、「価値観《かちかん》」とは、「どんなものにねうちがあると思《おも》うか。」という、自分《じぶん》なりの見方《みかた》のことなんだ。

世《よ》の中《なか》には、ねうちのあるものがたくさんあるけれども、ねうちのあるもの同《どう》士《し》が、たがいにぶつかることがある。そのときに、「どちらを先《さき》にして、どちらを後《あと》にするか。」「自分《じぶん》はどちらを選《えら》ぶか。」ということを決《き》めるのに、ずいぶん苦《くる》しむことがあるんだ。

例《たと》えば、学校《がっこう》の先生《せんせい》の言《い》うこととお母《かあ》さんの言《い》うことが、ちがうことがある。それから、学校《がっこう》の先生《せんせい》の言《い》うことと塾《じゅく》の先生《せんせい》の言《い》うことが、ちがうこともある。お父《とう》さんの言《い》うこととお母《かあ》さんの言《い》うことが、ちがうこともある。

そういうときに、「自分《じぶん》はどちらを取《と》ればいいんだろう。」ということで、こまることがあるんだ。

大人《おとな》が一人《ひとり》だけのときは、その人《ひと》の意見《いけん》に全部合《ぜんぶあ》わせることができるけれども、別《べつ》の大人《おとな》の人《ひと》もいるときに、それぞれの人《ひと》から、ちがうことを言《い》われたら、「自分《じぶん》はどちらの意見《いけん》を選《えら》び取《と》るか。」ということで、子《こ》どものほうもためされるわけだね。

大人同士《おとなどうし》の意見《いけん》がちがうときは、どちらかの人《ひと》がすべてまちがっているというわけではないんだ。いろいろな物事《ものごと》の中《なか》で、どの部分《ぶぶん》がより大切《たいせつ》だと思《おも》うかによって、少《すこ》し考《かんが》え方《かた》がちがってくることもあるんだ。
このときに、「自分《じぶん》は、これが正《ただ》しいと思《おも》う。」と考《かんが》えて選《えら》び取《と》ったものに対《たい》しては、自分自身《じぶんじしん》の責任《せきにん》（負《お》わなければいけない務《つと》め）が生《う》まれる。これを「自己責任《じこせきにん》」というんだ。

そういうことを勉強《べんきょう》していかなければいけないということだね。

世《よ》の中《なか》には、「いいこと」というものはたくさんある。例《たと》えば、「遊《あそ》びたい。」という気持《きも》ちもあるだろう。「勉強《べんきょう》をしなければいけな

アヤ、放課後図書室の整理ヨロシク！
アワ
アワ
アヤ、ウチで遊ぼうよ！
習い事もあるし、どうしよう？
なにを選ぶッチ？
アヤ！優先順位《ゆうせんじゅんい》をつけるのよ！
がんばれ！

こんなときどうする？

い。」という気持《きも》ちもあるだろう。それから、「家《いえ》の手伝《てつだ》いもしなければいけない。」ということもあるだろう。

それらの一つひとつは、いいことかもしれないけれども、いろいろなもの同士《どうし》がぶつかり合《あ》うこともあるわけだね。その中《なか》から何《なに》を取《と》るか、何《なに》を選《えら》んでいくかということに、自分《じぶん》の責任《せきにん》が出《で》てくるんだ。

そして、「自分《じぶん》が選《えら》んだことの結果《けっか》は、どうなったか。」ということが、自分《じぶん》の経験《けいけん》となって、しだいにたまっていく。その中《なか》で、「自分《じぶん》はどういう人間《にんげん》なのか。」ということが、だんだん決《き》まっていくんだ。

②「何《なに》を選《えら》び、何《なに》をすてるか。」を考《かんが》えよう

何《なに》を取《と》るかということは、むずかしいことだね。

いろいろなものの中《なか》から選《えら》ぶときには、それぞれに比《くら》べてみて、「どれを先《さき》に

して、どれを後《あと》にするか。」とか、「どれを一つだけ選《えら》ぶか。」とか考《かんが》えなければいけない。こういうことを「優先順位《ゆうせんじゅんい》をつける」というんだ。

こういうことは、みんなの生活《せいかつ》の中《なか》にもあるのではないかな。

例《たと》えば、君《きみ》が、きょうの夕方《ゆうがた》、家《いえ》の用事《ようじ》をするようにたのまれていたのに、学《がっ》校《こう》のクラブ活動《かつどう》で、「きょうは放課後《ほうかご》に残《のこ》ってほしい。」と言《い》われたり、先生《せんせい》から急《きゅう》に仕事《しごと》をたのまれたりすることもあるだろう。

それから、塾《じゅく》の勉強《べんきょう》がとてもいそがしいときに、学校《がっこう》のほうで、「今度《こんど》、合唱《がっしょう》の発表会《はっぴょうかい》があるから、これから一か月間《げつかん》は、朝早《あさはや》く出《で》てきて練習《れんしゅう》しよう。」と言《い》われることがあるかもしれない。

それぞれのことは、どれも、ねうちのあることなんだけれども、それらがぶつかり合《あ》ってしまい、両立《りょうりつ》しないことがある。そのときに、どちらを取《と》るのがいいのかを考《かんが》えるという、とてもむずかしい問題《もんだい》があるんだ。

このときに、君《きみ》がいいかっこうをしようとしても、全部《ぜんぶ》はできないよね。「自《じ》分《ぶん》には、これはできるけれども、これはできない。」というふうに、何《なに》かを選《えら》んで、何《なに》かをすてなければいけなくなる。自分《じぶん》の人生《じんせい》にとって何《なに》が大事《だいじ》なものなのかを考《かんが》え、それを選《えら》び取《と》っていく努力《どりょく》が必要《ひつよう》になるんだ。この中《なか》で智慧《ちえ》もみがかれていくんだよ。ここに、君《きみ》という人間《にんげん》の成長《せいちょう》もあるんだ。

4 自分《じぶん》にとって大事《だいじ》なものを選《えら》んでいこう

ポイント

「何《なに》を選《えら》び、何《なに》をすてるか。」を考《かんが》える努力《どりょく》の中《なか》で成長《せいちょう》するんだ。

選ぶのはむずかしいけど考えることが大事なのね
先生にはわけを話して、ユカとは日曜に遊ぶことにしたの！
何を選んで何をすてるか？それが問題だモン

ココを
チェック！

大人《おとな》の仕事《しごと》はとても大変《たいへん》だって知《し》ってる？
学《まな》んでみよう。

5　お父《とう》さん、お母《かあ》さんの気持《きも》ちを知《し》ろう

①親《おや》にも限界《げんかい》があることを知《し》ろう

子《こ》どもは、両親《りょうしん》の言《い》うことをよく聞《き》かなければいけないし、大人《おとな》の言《い》うことを大事《だいじ》に聞《き》き、やっていかなければいけないこともある。

けれども、子《こ》どももまた、自立《じりつ》（自分《じぶん》一人《ひとり》で生《い》きていけるようになること）していかなければいけないんだ。自分《じぶん》でできることは自分《じぶん》でしていって、りっぱな大人《おとな》になっていくことが大切《たいせつ》だね。

自分《じぶん》でできることは自分《じぶん》でしなければいけないけれども、親《おや》の言《い》うことも聞《き》か

なければいけない。この両方《りょうほう》が大切《たいせつ》なんだ。

ときには、価値観《かちかん》がぶつかることもある。そういうときに、自分《じぶん》の判断《はんだん》（考《かんが》えを決《き》めること）と責任《せきにん》で、どのように切《き》りぬけていくかだ。そういう判断《はんだん》を重《かさ》ねていくことによって、子《こ》どもとしての智慧《ちえ》が生《う》まれ、大人《おとな》になっていけるんだね。

子《こ》どもは、みじゅくだからこそ、親《おや》の助《たす》けがいる。でも、親《おや》の助《たす》けを受《う》けつつも、自立《じりつ》していかなければいけないんだ。

そして、自立《じりつ》していくときに、「自分《じぶん》はどれを選《えら》ぶか。」という自由《じゆう》に対《たい》する責任《せきにん》が、

自立への道！
自分でできることは自分でする
学校の準備
習い事
勉強
家の用事…
この両方が大切なんだ！
親の言うことを聞く
時間は守りなさい
目上の人には礼儀《れいぎ》正しくね

自分自身《じぶんじしん》にはね返《かえ》ってくるということだね。

子《こ》どもの中《なか》には、「大人《おとな》の助《たす》けはいらない。」と言《い》っていたのに、悪《わる》い結果《けっか》が出《で》たら、「大人《おとな》がめんどうを見《み》てくれなかったから悪《わる》いのだ。」というような言《い》い方《かた》をする人《ひと》もいるけれど、これはよくないことだ。

子《こ》どもは、自立《じりつ》していくまでの間《あいだ》に、「自分《じぶん》の責任《せきにん》とは何《なん》なのか。」ということを勉強《べんきょう》していき、「大人《おとな》もまた、いろいろな問題《もんだい》をかかえていて大変《たいへん》なんだ。」ということを知《し》っていくことが大切《たいせつ》なんだ。そういう、大人《おとな》の大変《たいへん》さも知《し》らなければいけないね。

お父《とう》さんやお母《かあ》さんは、必《かなら》ずしも百点満点《ひゃくてんまんてん》の人《ひと》ではないかもしれない。君《きみ》たちから見《み》て、問題点《もんだいてん》がいっぱいあるように見《み》えるかもしれない。

けれども、親《おや》にも限界《げんかい》があるということを、子《こ》どもが知《し》ることも大事《だいじ》なんだ。それは、しょうらい、自分《じぶん》が親《おや》になったときにも、やはり同《おな》じようになるからだ。

君《きみ》たちから見《み》れば、親《おや》が手《て》ぬきをしているように見《み》えることもあるかもしれない。でも、親《おや》にも、やはり能力《のうりょく》の限界《げんかい》がある。親《おや》だって、百《ひゃく》パーセント、子《こ》どものためだけに生《い》きることはできないんだ。それを知《し》らなければいけないよ。

②働《はたら》くお母《かあ》さんの大変《たいへん》さを理解《りかい》しよう

今《いま》は、働《はたら》いているお母《かあ》さんも多《おお》い。七割《わり》ぐらいのお母《かあ》さんはそうかもしれないね。ただ、外《そと》で働《はたら》く場合《ばあい》だけではなく、家《いえ》の中《なか》で、お父《とう》さんの仕事《しごと》を手伝《てつだ》っているお母《かあ》さんもいるだろうから、それを差《さ》し引《ひ》くと、外《そと》に出《で》て働《はたら》いているお母《かあ》さんは、その半分《はんぶん》ぐらいかもしれない。

どちらにしても、七割《わり》ぐらいのお母《かあ》さんは、何《なに》か仕事《しごと》を持《も》っていると言《い》われている。だから、家事《かじ》と育児《いくじ》だけをしているお母《かあ》さんは、三割《わり》ぐらいと見《み》てよいだろう。

お母《かあ》さんが専業主婦《せんぎょうしゅふ》として子育《こそだ》てをしてくれている家庭《かてい》の子《こ》どもは、たぶん、何《なん》の感謝《かんしゃ》の気持《きも》ちも持《も》っていないだろうね。けれども、本当《ほんとう》はありがたいことなのだということを知《し》ってほしいんだ。

今《いま》の日本《にほん》では、お母《かあ》さんが専業主婦《せんぎょうしゅふ》をしている家《いえ》は、〝貴族階級《きぞくかいきゅう》〟（働《はたら》かなくても生活《せいかつ》ができる、ゆたかな身分《みぶん》の人《ひと》）と言《い》われている。お母《かあ》さんが子育《こそだ》てや家事《かじ》だけをしていられるのは、お父《とう》さんがよほど給料《きゅうりょう》の高《たか》い仕事《しごと》をしていて、家計《かけい》が安定《あんてい》しているからなんだ。

東京《とうきょう》などは家《いえ》を借《か》りるときの金額《きんがく》も高《たか》いので、ふつうは給料《きゅうりょう》以外《いがい》にもお金《かね》が入《はい》ってこないと、マンションも借《か》りられない。だから、家《いえ》を借《か》りるお金《かね》がはらえないとか、塾《じゅく》の費用《ひよう》が出《だ》せないとかいうことで、働《はたら》いているお母《かあ》さんが多《おお》いんだ。

ただ、人間《にんげん》の能力《のうりょく》には限界《げんかい》がある。働《はたら》いているお母《かあ》さんが、専業主婦《せんぎょうしゅふ》のお母《かあ》さんと同《おな》じように、家《いえ》の中《なか》のことをできるわけはないよね。もし、それができるなら、お母《かあ》さんの能力《のうりょく》が他《た》の人《ひと》の二倍《ばい》あることになる。どう見《み》ても、二倍《ばい》の能力《のうりょく》がなければ、できるわけがないんだ。

そうでなければ、どこかに、うまくいかないところ、しわ寄《よ》せが出《で》てくるはずだね。それは、君《きみ》たちから見《み》れば、「手《て》ぬきをされた。」ということになるかもしれない。

お母《かあ》さんが、ご飯《はん》をちゃんと作《つく》ってくれなくて、お店《みせ》で買《か》ってきたものを電子《でんし》レンジで温《あたた》めて終《お》わりになったり、「子《こ》どものあなたも、きちんと後《あと》かたづけをしなさい。」と言《い》われたりする。

それから、子《こ》どもだけでなく、「朝《あさ》ご飯《はん》はお父《とう》さんが作《つく》る」ということになって、だんだんお父《とう》さんのほうにもしわ寄《よ》せが行《い》ったりすることもある。

仕事《しごと》を持《も》っているお母《かあ》さんは、「きょうは仕事《しごと》が大変《たいへん》だったから、とてもつかれたのよ。」と言《い》って、そのまま、ねてしまう日《ひ》もあるかもしれない。

洗たく
そうじ
仕事
買い物
リョウのお母さんの一日だよ
おつかれだモン！
母さんこんなに大変だったんだ！
仕事に家事にいそがしそう！

例《たと》えば、お母《かあ》さんが会社《かいしゃ》で経理《けいり》の仕事《しごと》をしているとしよう。経理《けいり》というのは、会《かい》社《しゃ》に入《はい》ってくるお金《かね》や出《で》ていくお金《かね》を、記《き》録《ろく》したり計算《けいさん》したりする仕事《しごと》だね。この仕事《しごと》は、「決算《けっさん》」といって、月末《げつまつ》など数字《すうじ》を合《あ》わせなければいけない時期《じき》になると、帰《かえ》りがおそくなってしまい、子《こ》どもに夕食《ゆうしょく》も作《つく》ってあげられないことがあるんだ。

そうすると、「自分《じぶん》で冷《れい》ぞう庫《こ》の中《なか》のものを出《だ》して食《た》べなさい。」と言《い》われるような日《ひ》も出《で》てくるね。それが子《こ》どもにとっては不満《ふまん》かもしれない。

けれども、そういうふうにお母《かあ》さんが働《はたら》いているのは、いろいろな理由《りゆう》があって、何《なに》か働《はたら》く必要《ひつよう》があるからなんだ。

お父《とう》さんの給料《きゅうりょう》だけでは、生活《せいかつ》するためのお金《かね》が少《すこ》し足《た》りないので、働《はたら》かなければいけないお母《かあ》さんもいる。

中《なか》には、能力《のうりょく》や才能《さいのう》があるために、仕事《しごと》をやめることができないお母《かあ》さんもいる。職業《しょくぎょう》で自分自身《じぶんじしん》のキャリア、経験《けいけん》をつけて、世《よ》の中《なか》の役《やく》に立《た》つことをしたいと思《おも》っているお母《かあ》さんもいる。

いろいろな理由《りゆう》はあるけれども、お母《かあ》さんは、働《はたら》くことによって何《なに》かを得《え》ているわけだね。

でも、その結果《けっか》、失《うしな》うものも当然《とうぜん》ある。それは、家庭《かてい》で使《つか》える時間《じかん》が減《へ》ってくるということだ。

そうすると、子《こ》どものほうは、やはり不満《ふまん》がたまってくるよね。

君《きみ》が家《いえ》に帰《かえ》っても、「お父《とう》さんもお母《かあ》さんもいない。」とか、「洗《せん》たく物《もの》がかごからあふれて山《やま》のようになっている。」とかいうことがあるかもしれない。

それから、「きょう、ぼくが学校《がっこう》でけがをして帰《かえ》ってきたのに、だれもめんどうを見《み》てくれなかった。」とか、「ズボンがやぶれてしまったのに、そのままだ。」とかいうこともあるかもしれないね。

そういうことで、いろいろと不満《ふまん》が出《で》てきて、親子《おやこ》でけんかをするようになり、家庭《かてい》の不和《ふわ》が起《お》きてくることもあるんだ。

③両親《りょうしん》にめいわくをかけないようにしよう

また、お母《かあ》さんがつかれていると、お父《とう》さんともうまくいかなくなることが多《おお》い。なぜかというと、おたがいにつかれているので、「家《いえ》の中《なか》の仕事《しごと》をどちらがやるか。」ということで、けんかが増《ふ》えてくるわけだ。

「お父《とう》さんも家事《かじ》を半分手伝《はんぶんてつだ》ってください。」という感《かん》じになってくると、お父《とう》さんもこまるんだね。それで、お父《とう》さんのほうも、「自分《じぶん》の仕事《しごと》のことを、妻《つま》も子《こ》どもも分《わ》かってくれない。」と不満《ふまん》が出《で》てくるようになるんだ。

このように、夫婦《ふうふ》の間《あいだ》がうまくいかなくなったり、親子《おやこ》の間《あいだ》がうまくいかなくなったりしてくる。

けれども、子《こ》どもにとっては、家庭《かてい》がどうしてそういうふうになったのかは、自分自身《じぶんじしん》が大人《おとな》になってみないと、本当《ほんとう》は分《わ》からないものなんだ。

お母《かあ》さんが働《はたら》いているために、家《いえ》の中《なか》に無理《むり》がきて、夫婦《ふうふ》の仲《なか》が悪《わる》くなったり、親子《おやこ》の仲《なか》が悪《わる》くなったりして、りこんになるような家庭《かてい》も、今《いま》は増《ふ》えてきている。

アメリカなどは、とうの昔《むかし》に、けっこんした夫婦《ふうふ》の約五割《やくわり》がりこんするようになっている。ロシアでも、やはり半分《はんぶん》ぐらいの人《ひと》がりこんしている。そして、日本《にほん》でも、だんだん、りこんが増《ふ》えてきている。

やむをえない理由《りゆう》でりこんになることは当《とう》然《ぜん》あるし、子《こ》どもにはなかなか分《わ》からないわけもあるだろう。

ただ、お父《とう》さんとお母《かあ》さんが両方《りょうほう》とも働《はたら》いているときには、「人間《にんげん》の能力《のうりょく》には限界《げんかい》があって全部《ぜんぶ》はできないのだ。」ということや、「本《ほん》当《とう》はしてやりたくても、できないことがたくさんあるのだ。」ということぐらいは、子《こ》どもたちも理解《りかい》しなければいけないね。

子《こ》どもの不満《ふまん》がたまってくると、それが夫《ふう》婦《ふ》げんかの種《たね》になることもあるんだ。子《こ》どものほうは、「お父《とう》さんとお母《かあ》さんの仲《なか》が悪《わる》くなって、勝手《かって》にりこんをしたから、自分《じぶん》はこんなに不幸《ふこう》になった。」と思《おも》うかもしれないけれども、本当《ほんとう》は子《こ》どもに原因《げんいん》があることもあるんだよ。「子《こ》どもに手《て》がかかりすぎるために夫婦《ふうふ》がうまくいかなくなった。」ということもあると知《し》らなければいけないんだね。

だから、2節《せつ》「自分《じぶん》のことは自分《じぶん》でしよう」でも書《か》いたように、子《こ》どもだって、「自分《じぶん》でできることは自分《じぶん》でしなければいけない。」ということなんだ。

例《たと》えば、家《いえ》の用事《ようじ》でも、お母《かあ》さんができないときには、君《きみ》にできることをすることだね。買《か》い物《もの》など、ついでにできることがあれば、やってみよう。

お父《とう》さんのことでも、何《なに》かできることがあったら、やってみよう。

それから、君《きみ》が弟《おとうと》や妹《いもうと》のめんどうを見《み》てやれば、親《おや》はずいぶん楽《らく》になるよね。勉強《べんきょう》でもそうだよ。自分《じぶん》ひとりで勉強《べんきょう》ができずに、いつも親《おや》に見《み》てもらわなければいけないようでは、親《おや》にふたんがかかってしまうね。だから、自分《じぶん》で勉強《べんきょう》できるようになるのは良《よ》いことなんだ。

さらに、分《わ》からない問題《もんだい》は、学校《がっこう》や塾《じゅく》の先生《せんせい》に質問《しつもん》するようにして自分《じぶん》で解決《かいけつ》していき、いい成績《せいせき》を取《と》るようになれば、親《おや》もきげんがよくなるし、それで夫婦《ふうふ》仲《なか》がよくなることもあるよ。

④家族《かぞく》でおたがいに歩《あゆ》み寄《よ》ろう

何《なに》か悪《わる》いことが起《お》きると、悲《かな》しいかな、人間《にんげん》というのは、人《ひと》のせいにするくせがある。

自分《じぶん》のせいにするのはつらいので、妻《つま》のせいにしたり、夫《おっと》のせいにしたり、子《こ》どものせいにしたりする。それから、お兄《にい》ちゃんやお姉《ねえ》ちゃん、弟《おとうと》や妹《いもうと》など、きょうだいのだれかのせいにしたりする。おじいちゃんやおばあちゃんがいれば、おじいちゃん、おばあちゃんのせいにしたりすることもあるね。

このように、人間《にんげん》は、何《なに》か具合《ぐあい》の悪《わる》いことが起《お》きたときに、いろいろと説明《せつめい》をつけようとするものなんだ。

それは、実際《じっさい》にその通《とお》りのことが多《おお》いのかもしれないけれども、基本《きほん》は、「自《じ》分《ぶん》としてできることは何《なん》なのか。」を考《かんが》えることが大切《たいせつ》だね。

君《きみ》もやがて大人《おとな》になる。だから、子《こ》どもの目《め》で大人《おとな》を見《み》たときに、「こういうところは見習《みなら》いたいな。」と思《おも》うことがあれば、まねをしていくとよいし、「お父《とう》さんのこういうところや、お母《かあ》さんのこういうところは、いやだな。」と思《おも》ったら、「自分《じぶん》がそうならないようにするには、どうしたらよいか。」を考《かんが》えなければいけない。基本《きほん》はそういうことだよ。

それから、うまくいかないときの家庭《かてい》をよく見《み》てみると、家族《かぞく》の「欲《よく》」（自分《じぶん》がしたいことや、ほしいものにこだわる気持《きも》ち）がぶつかり合《あ》っているのかもしれないね。

お父《とう》さんには仕事上《しごとじょう》の欲《よく》があったり、お母《かあ》さんにはお金《かね》の欲《よく》があったり、子《こ》どもは子《こ》どもで、勉強《べんきょう》はしたくないけれどもプライドだけはあったりする。

家族《かぞく》それぞれに自分《じぶん》の欲《よく》があるのだけれど、その中《なか》には、できることもあれば、あきらめなければいけないこともある。

そういう欲《よく》の調整《ちょうせい》がつかなくて、家庭《かてい》のなかがぎくしゃくすることは多《おお》いんだ。

だから、おたがいに歩《あゆ》み寄《よ》って、何《なん》とか家庭《かてい》がうまくまとまっていけるように努力《どりょく》することが、とても大事《だいじ》なんだ。おたがいに欲《よく》を調整《ちょうせい》して、「足《た》ることを知《し》る。」（与《あた》えられているものに満足《まんぞく》する）とい

「もっともっと」はケンカのもと

ギスギスやだモン
もっとお金ほしい～！
もっと遊んで～！
もっと勉強教えて～！
もっと出世したい～！
うわ～！大変だ！
足ることを知ることが大切なのね

うことが大事《だいじ》だね。

⑤自分《じぶん》でできることは自分《じぶん》でやろう

君《きみ》に悪《わる》いことが起《お》きるときには、環境《かんきょう》や他《た》の人《ひと》のせいで起《お》きることもある。しかし、だからといって、「まわりのせいで、こうなったんだ。」というようなことを言《い》っていると、よけいに悪《わる》くなることのほうが多《おお》いんだ。そのことを知《し》ってほしい。

例《たと》えば、お母《かあ》さんが働《はたら》いている家《いえ》の子《こ》に何《なに》か悪《わる》いことが起《お》きたとき、子どもとしては、「お母《かあ》さんが仕事《しごと》をやめればいいのに。」と不満《ふまん》に思《おも》うこともあるかもしれない。

でも、働《はたら》くには働《はたら》くだけの理由《りゆう》が何《なに》かあるんだ。その意味《いみ》は、自分《じぶん》も大人《おとな》になるまでは分《わ》からないことが多《おお》いし、「働《はたら》くのがいいか悪《わる》いか。」といった大人《おとな》の判《はん》断《だん》にまで子《こ》どもが立《た》ち入《い》ることはむずかしい。

働《はたら》いているお母《かあ》さんは、専業主婦《せんぎょうしゅふ》のお母《かあ》さんよりも、家事《かじ》や育児《いくじ》のために取《と》れる時間《じかん》が少《すく》ないのは当然《とうぜん》だね。時間《じかん》も少《すく》ないし、ほかで仕事《しごと》をしている分《ぶん》、体力《たいりょく》的《てき》にも弱《よわ》っていて、くたびれている。

だから、「自分《じぶん》でできることは自分《じぶん》でやらなければいけない。」ということを、しっかりと知《し》ることが大事《だいじ》なんだ。

それに、今《いま》はお父《とう》さんやお母《かあ》さんのせいにできるけれども、大人《おとな》になったら、もうそれはできなくなる。大人《おとな》になったら、すべて自分《じぶん》の問題《もんだい》になるんだよ。

君《きみ》たちも、よく自問自答《じもんじとう》してほしいんだ。

女《おんな》の子《こ》なら、「大人《おとな》になったら、母親《ははおや》として、君《きみ》のお母《かあ》さんよりもりっぱになれますか。仕事《しごと》をしながら、夫《おっと》につくし、子《こ》どもたちにとっていいお母《かあ》さんでいられますか。」ということだね。

男《おとこ》の子《こ》なら、「大人《おとな》になったら、父親《ちちおや》として、君《きみ》のお父《とう》さんよりもりっぱになれますか。仕事《しごと》ができ、妻《つま》にはやさしくし、子《こ》どもたちのめんどうを見《み》てやれるようなお父《とう》さんになれそうですか。」ということだ。

「自分《じぶん》は、そこまではできない。」と思《おも》うのなら、もう少《すこ》し言葉《ことば》をつつしんで、自分《じぶん》の能力《のうりょく》をみがいていくようにしなければいけないね。

大人《おとな》には大人《おとな》のなやみや苦《くる》しみがある。大人《おとな》もまた、「自分自身《じぶんじしん》が成長《せいちょう》していきたい。自分《じぶん》が生《い》きていると実感《じっかん》できるものを

ぼくのくつ下どこかな？
ねぇねぇ！
大人ってたいへ〜ん！
ママ！これ教えて！
ねぇ！
算数
ママ！ご飯まだ？
ねぇ〜！
大人は大人でがんばってるモン！

大人になったら…20年後のアヤ

何《なに》か得《え》たい。」と思《おも》って努力《どりょく》しているんだ。

子《こ》どもをじゃま者《もの》あつかいするだけの世《よ》の中《なか》は良《よ》くないけれども、残念《ざんねん》ながら、大人《おとな》が百《ひゃく》パーセント仕事《しごと》に打《う》ちこもうとするときには、子《こ》どもはじゃまになることが多《おお》いのも事実《じじつ》なんだ。

だから、自分《じぶん》でできることをやらずに、大人《おとな》のじゃまをする子《こ》は、あまり良《よ》くないね。どうしても自分《じぶん》でできないものは、しかたがないけれども、自分《じぶん》でできることは自分《じぶん》でやろうとする子《こ》でなければいけないんだ。

お金《かね》のせい、学校《がっこう》のせい、塾《じゅく》のせい、友《とも》だちのせいなど、人《ひと》のせいやまわりのもののせいにするのは、良《よ》いことではない。そういうこともあるかもしれないけれども、それは言《い》ってもきりがないことだね。だから、自分《じぶん》で、できるだけのことはやっていくようにしよう。

もし、お父《とう》さんとお母《かあ》さんの仲《なか》が悪《わる》い原因《げんいん》は自分《じぶん》にもあると思《おも》うなら、子《こ》どものほうも少《すこ》し努力《どりょく》をしなければいけないね。

5 お父《とう》さん、お母《かあ》さんの気持《きも》ちを知《し》ろう

ポイント

両親《りょうしん》の大変《たいへん》さを知《し》り、自分《じぶん》でできることは自分《じぶん》でやる子《こ》になろう。

お父さんお母さんに感謝《かんしゃ》感謝《かんしゃ》！
大人は大変なんだよね！

ココをチェック!

親《おや》に不満《ふまん》ばかり言《い》っていないかな？
大人《おとな》の立場《たちば》に立《た》って考《かんが》えてみよう。

6 大人《おとな》になる前《まえ》に学《まな》んでおこう

① 親《おや》に不満《ふまん》をぶつけるのをやめよう

それから、親《おや》が子《こ》どものめんどうを見《み》るときに、子《こ》ども一人《ひとり》ならできても、二人《ふたり》になったら十分《じゅうぶん》にできなくなることがある。それは、下《した》の子《こ》に手《て》がかかりすぎてしまうことがあるからなんだ。

自分《じぶん》のことをもっとかまってほしいのに、親《おや》が弟《おとうと》や妹《いもうと》のめんどうばかり見《み》るので、とても不満《ふまん》に思《おも》えてしかたがないこともあるね。

「もう少《すこ》しいいお兄《にい》ちゃんになりなさい。」「もう少《すこ》しいいお姉《ねえ》ちゃんになりなさい。」「下《した》の子《こ》の世話《せわ》を手伝《てつだ》いなさい。」などと言《い》われると、上《うえ》の子《こ》は、どうしても不満《ふまん》がたまってきて、悪《わる》さをしたくなってくることもある。

このように、子《こ》どもの不満《ふまん》を見《み》ると、「親《おや》の態度《たいど》が不公平《ふこうへい》だ。」ということがほとんどなんだ。

例《たと》えば、上《うえ》の子《こ》のできがよければ、親《おや》がもっとほめてくれてもいいはずなのに、「お兄《にい》ちゃんだから、できるのは当然《とうぜん》でしょう。」と言《い》われる。

さらには、弟《おとうと》や妹《いもうと》のめんどうまで見《み》るようにと言《い》われるものだから、何《なに》か損《そん》をしているような気《き》がする。

それから、自分《じぶん》と比《くら》べるとできが悪《わる》いのに、下《した》の子《こ》のほうが親《おや》に手《て》をかけてもらってばかりで、親《おや》の愛《あい》をひとりじめしているように見《み》える。

そのため、できのいい子《こ》のほうは、「世《よ》の中《なか》は不公平《ふこうへい》だ。」と思《おも》うものなんだ。

ところが、できの悪《わる》いほうの子《こ》どもから見《み》ると、できのいいほうのきょうだいは、いつもほめられてばかりいるように見《み》えるんだ。「ほめられるのは、いつも向《む》こうで、おこられるのは、いつも自分《じぶん》のほうだ。」と、できの悪《わる》いほうは悪《わる》いほうで不満《ふまん》を持《も》っているものなんだね。

子《こ》どもたちは、それぞれ、「不公平《ふこうへい》だ。」という気持《きも》ちがあって、きょうだいげんかをしたり、親《おや》とけんかをしたりするようになる。

でも、親《おや》はみんな、「子《こ》どもには、できるだけ公平《こうへい》に接《せっ》したい。」という気持《きも》ちを持《も》ってはいるんだ。

ただ、子《こ》どものできは同《おな》じではなくて、やはり、でこぼこがあるから、親《おや》としては、できの悪《わる》いほうに手《て》をかけるのがふつうなんだよ。そうしないと、その子《こ》は親《おや》に見《み》すてられたように感《かん》じてしまい、ますます、ひがい者意識《しゃいしき》（他《た》の人《ひと》などから自分《じぶん》を傷《きず》つけられたと感《かん》じる気持《きも》ち）が強《つよ》くなって、悪《わる》さをするようになり、家庭《かてい》の中《なか》が暗《くら》くなっていくんだ。

子どもの思いと親の思い

親《おや》は、できのいい子《こ》のほうをほめてやりたいんだけれども、そうしてばかりいると、きょうだいの差《さ》がはげしくなって、うまくいかないので、できのいい子《こ》のほうを、そんなにはほめられないんだ。親《おや》としては、公平《こうへい》に接《せつ》したいと思《おも》いながらも、そうならないのが現実《げんじつ》なんだね。

②子《こ》どものうちに悪《わる》いところを直《なお》そう

さらに、子《こ》どもとしてはつらいことだけれど、知《し》っておかねばならないことがある。

君《きみ》たちは、「大人《おとな》は子《こ》どもに対《たい》して公平《こうへい》に接《せっ》するべきだ。」と思《おも》っているかもしれない。けれども、君《きみ》が大人《おとな》になったとき、世《よ》の中《なか》は君《きみ》に対《たい》して公平《こうへい》には接《せっ》してくれないものなんだ。

スタートラインでは同《おな》じあつかい方《かた》をされるかもしれないけれども、君《きみ》の性格《せいかく》や仕事《しごと》のできによって、人《ひと》からの評価《ひょうか》もちがってくるようになる。

例《たと》えば、同《おな》じ会社《かいしゃ》に入《はい》った新入社員《しんにゅうしゃいん》の人《ひと》たちは、最初《さいしょ》はみんなにチャンスがあるし、会社《かいしゃ》も「期待《きたい》しているよ。」と言《い》ってくれる。けれども、一年《ねん》、二年《ねん》、三年《ねん》とやっていくと、やはり、できがちがってくるわけだ。

できのいい人《ひと》には、上司《じょうし》も、ほめてくれるし、期待《きたい》をかけてくれる。食事《しょくじ》などにさそってくれたりすることもある。しかし、できの悪《わる》い人《ひと》とは、みんな、あまりかかわり合《あ》いたくなくなるんだ。

このように、世《よ》の中《なか》は、けっこう不公平《ふこうへい》なものなんだね。人《ひと》はみんな、できのいい人《ひと》のほうをほめたがり、できの悪《わる》い人《ひと》とは、「できれば、あまりお付《つ》き合《あ》いをしたくない。」というのが本音《ほんね》なんだ。

みんなも、親《おや》やきょうだいから、性格《せいかく》が悪《わる》くておこられたり、できが悪《わる》くておこられたり、性格《せいかく》がよくてほめられたり、できがよくてほめられたりしているよね。

社会《しゃかい》に出《で》てからも、子《こ》ども時代《じだい》と同《おな》じようなことを経験《けいけん》するんだ。性格《せいかく》が悪《わる》かったり、口《くち》が悪《わる》かったりすると、今度《こんど》は、職場《しょくば》の仲間《なかま》や上司《じょうし》からしかられるようになる。

つまり、家庭《かてい》というのは、まるで実社会《じっしゃかい》をちぢめたようなものなんだね。

仕事《しごと》のできが悪《わる》いと、やはり、しかられる。「ぼくばかりしかられる。」「私《わたし》だけしかられる。」と言《い》っても、毎《まい》日《にち》ミスをしていたら、毎日《まいにち》しかられることになる。でも、ミスがない人《ひと》は、まったくしかられない。

それを「不公平《ふこうへい》だ。」と言《い》っても、しかたのないことだね。相手《あいて》は君《きみ》に「きちんと直《なお》してほしい。」と言《い》っているわけで、本当《ほんとう》は、しかるほうだってつかれるんだ。

こういうふうに、大人《おとな》になると、子《こ》

子どものうちに悪いところを直そう！
現在
宿題は？
またかよ～
ヘラ～
わすれました！
もし直さないと…
未来
エ～ン
○○大学入試
受験日わすれてた！
こ～んなことになるかもヨ！
今のうちにわすれっぽさを直そう！
タラ～
早めがかんじんだモン！

どものときと同《おな》じことがまた起《お》きてくるから、悪《わる》いところは今《いま》のうちに直《なお》しておいたほうがいいということなんだ。

③君《きみ》にきびしいことを言《い》う大人《おとな》の話《はなし》をよく聞《き》こう

今《いま》、君《きみ》にきびしいことを言《い》う人《ひと》は、必《かなら》ずしも悪《わる》い人《ひと》ではないんだ。それは、「この子《こ》が大人《おとな》になってから苦労《くろう》しないように、今《いま》のうちに直《なお》しておいてもらおう。」と思《おも》って言《い》ってくれているんだね。そういう意味《いみ》では、本当《ほんとう》は親切《しんせつ》な人《ひと》なのかもしれないよ。

反対《はんたい》に、子《こ》どものときに、いくらできが悪《わる》くても、いくら性格《せいかく》が悪《わる》くても、「まあ、子《こ》どもだから、いいだろう。」と思《おも》って、放《ほう》っておかれる人《ひと》もいる。これは、子《こ》どもにとっては、やさしくされているように感《かん》じるかもしれないけれども、そういう子《こ》どもは、大《おお》きくなってから苦労《くろう》することが多《おお》いんだ。

もし、子《こ》どものうちに、親《おや》からきちんと説《せっ》教《きょう》されていたら、そうならずにすんだのに、放《ほう》っておかれたために、大人《おとな》になってから、他《た》の人《ひと》に、「私《わたし》は、この人《ひと》の親《おや》でもないのに、こんなことまで教《おし》えなければいけないのか。」と思《おも》われて、その人《ひと》にめいわくをかけるようになるんだね。

だから、君《きみ》たちにとっては、「この人《ひと》はきびしいことばかり言《い》ってくるから、悪《わる》い人《ひと》だ。」と思《おも》うような人《ひと》が、本当《ほんとう》はいい人《ひと》で、逆《ぎゃく》に、今《いま》は「やさしくていい人《ひと》だ。」と思《おも》うような人《ひと》が、本当《ほんとう》は自分《じぶん》にとって悪《わる》い人《ひと》だったという

★キミにとってきびしい人は？

★どんな注意をされた？

★どうして注意されたと思う？

ことを、大人《おとな》になってから気《き》づくことも、世《よ》の中《なか》にはたくさんあるんだ。
そういうことを知《し》らなければいけないと思《おも》う。

6 大人《おとな》になる前《まえ》に学《まな》んでおこう

ポイント

君《きみ》にきびしいことを言《い》う大人《おとな》は、本当《ほんとう》はいい人《ひと》かもしれないよ。

親や先生はボクのために注意してくれてるんだな！
悪いところは今のうちに直そうっと

家族《かぞく》はどうして大切《たいせつ》なのかな？
考《かんが》えてみよう。

7 家族《かぞく》で助《たす》け合《あ》おう

①家族《かぞく》の悪口《わるくち》を外《そと》で言《い》わないようにしよう

さらに、君《きみ》たちに知《し》っておいてほしいことは、「家庭《かてい》の中《なか》と外《そと》ではちがう」ということだ。

家《いえ》の中《なか》では、いろいろ不満《ふまん》があったり、けんかをしたりすることがあるかもしれないね。けれども、家《いえ》というのは、本当《ほんとう》は家族《かぞく》を守《まも》るためにあるんだ。だから、家庭《かてい》があることは大事《だいじ》なことなんだよ。

家《いえ》の外《そと》に出《で》たら、家族《かぞく》がみんなで一つにまとまるというのは、とても大事《だいじ》なことだ。お父《とう》さんに対《たい》する不満《ふまん》、お母《かあ》さんに対《たい》する不満《ふまん》、きょうだいに対《たい》する不満《ふまん》など、いろいろあるとは思《おも》うけれども、それを外《そと》で口《くち》に出《だ》すべきではないんだね。

例《たと》えば、学校《がっこう》で、「うちのお父《とう》さんは、仕事《しごと》ができなくて、リストラされかかっているんだよ。」というような話《はなし》は、するべきではないよね。

それ以外《いがい》にも、「お父《とう》さんの給料《きゅうりょう》やボーナスが少《すく》ない。」という話《はなし》とか、「お父《とう》さんのボーナスが少《すく》なかったので、お母《かあ》さんがおこっている。」という話《はなし》とか、「お父《とう》さんの出世《しゅっせ》がおくれているから、お母《かあ》さんがおこっている。」という話《はなし》とか、「妹《いもうと》のできが悪《わる》いので、両親《りょうしん》がけんかしている。」という話《はなし》とか、いろいろあるだろう。

家《いえ》の中《なか》には、不《ふ》つごうなことはたくさんあるだろうし、いろいろ、けんかすることもあるかもしれないね。

けれども、外《そと》に出《で》たら、やはり家《いえ》の中《なか》とはちがうと思《おも》わなければいけないんだ。

家《いえ》の外《そと》では、家族《かぞく》は一つにまとまらなければいけないんだよ。最後《さいご》におたがいを守《まも》ってくれるのは家族《かぞく》しかない。君《きみ》が大人《おとな》になっても、親《おや》やきょうだいは守《まも》ってくれるものなんだ。

家族《かぞく》のだれかが、よその人《ひと》から「ひどい人《ひと》だ。」と言《い》われたり、犯罪者《はんざいしゃ》になってしまったりすることもあるかもしれない。それは本当《ほんとう》につらいことだね。そういうとき、他人《たにん》は冷《つめ》たいものだけれど、それでも最後《さいご》まで見《み》すてずに守《まも》ってくれるのは、やはり、親《おや》やきょうだいといった家族《かぞく》の人《ひと》たちなんだ。

自分《じぶん》の家族《かぞく》の中《なか》から悪《わる》い人《ひと》が出《で》たとしても、家族《かぞく》は最後《さいご》まで見《み》すてずに守《まも》ってくれる。家族《かぞく》は、そういうありがたいものなんだ。

だから、家《いえ》の中《なか》で、いくらけんかをしていたとしても、外《そと》に出《で》たら、家族《かぞく》のことは大切《たいせつ》にしなければいけないんだね。家族《かぞく》の悪口《わるくち》など、外《そと》では言《い》うものではないんだ。

例《たと》えば、きょうだいのことを、「何《なん》だ、こいつ。」と思《おも》うこともあるだろう。でも、家《いえ》の中《なか》では、「悪《わる》い兄《あに》きだ。」「悪《わる》い弟《おとうと》だ。」「悪《わる》い妹《いもうと》だ。」と思《おも》っても、学校《がっこう》や塾《じゅく》に行《い》ったら、自分《じぶん》のきょうだいの悪口《わるくち》や、家《いえ》の中《なか》がうまくいっていない話《はなし》などを、べらべらと話《はな》してはいけないんだよ。

家族《かぞく》というのは、戦争《せんそう》のときのように、たとえ国《くに》がどんなにみだれているときでも、最後《さいご》まで、おたがいに助《たす》け合《あ》い、守《まも》り合《あ》い、弾《たま》の中《なか》をくぐりぬけて、何《なん》とか生《い》きのびなければいけない。

このように、最後《さいご》は助《たす》け合《あ》わなければいけない存在《そんざい》なのだから、外《そと》では、きょうだいや親《おや》の悪口《わるくち》をあまり言《い》うものではないんだ。こういうものを「運命共同体《うんめいきょうどうたい》」（成功《せいこう》も失敗《しっぱい》も、喜《よろこ》びも悲《かな》しみも、ともに分《わ》かち合《あ》う人々《ひとびと》の集《あつ》まり）と言《い》うことがある。このことを知《し》っておかなければいけないね。

家《いえ》の外《そと》に出《で》たら、人《ひと》の目《め》はきびしいものだ。いくら先生《せんせい》が親切《しんせつ》に家《いえ》のことをいろいろ聞《き》いてくれるとしても、言《い》って良《よ》いことと悪《わる》いことがある。

だから、君《きみ》が家《いえ》の中《なか》の問題《もんだい》で苦労《くろう》していたとしても、お父《とう》さんがいろいろと失《しっ》敗《ぱい》しているようなことは、ほかの人《ひと》には知《し》られたくはないものだし、お母《かあ》さんが家事《かじ》ができないということや、きょうだいのできが悪《わる》いことなども、あまり言《い》って回《まわ》りたくはないものだね。

やはり、家族《かぞく》はおたがいに助《たす》け合《あ》いたいものだ。どこか悪《わる》いところはあったとしても、良《よ》いところのほうをもう少《すこ》しほめたり、「こんないいことをしてくれたんだよ。」と人《ひと》に話《はな》したりしていったほうがいいんだよ。

②家族《かぞく》が不利《ふり》にならないように守《まも》ろう

君《きみ》のお父《とう》さんは、残業《ざんぎょう》や出張《しゅっちょう》が多《おお》かったりするかもしれない。また今《いま》は、仕事《しごと》のつごうで家族《かぞく》とは別《べつ》の場所《ばしょ》に住《す》んで働《はたら》く人《ひと》も増《ふ》えている。それで、家族《かぞく》のめんどうを見《み》られなくて、くやしく、つらい思《おも》いをしているお父《とう》さんはたくさんいるんだ。

例《たと》えば、子《こ》どもが学校《がっこう》で、いつも家庭《かてい》についてのぐちを言《い》っているとする。そうすると、学校《がっこう》の面談《めんだん》の日《ひ》に、お母《かあ》さんは、「おたくのお子《こ》さんは、お父《とう》さんが仕事《しごと》で遠《とお》くに住《す》んでいるために、家《いえ》がいかに大変《たいへん》かという話《はなし》ばかりしています。」と言《い》われることになる。

けれども、いくらぐちを言《い》っても解決《かいけつ》がつかない問題《もんだい》もあるんだ。

遠《とお》くに行《い》っているお父《とう》さんは、家族《かぞく》が生《い》きていくための生活《せいかつ》のかてをかせぐために、一人《ひとり》でがんばっているんだ。家《いえ》に手紙《てがみ》を書《か》いたり、電話《でんわ》をかけたり、いそがしい中《なか》でつごうをつけて家《いえ》に帰《かえ》ってきたり、いろいろと努力《どりょく》もしているはずだよ。その苦労《くろう》をなかなか分《わ》かってもらえないで、家《いえ》にいないことばかり、家族《かぞく》の世話《せわ》をしないことばかりを責《せ》められるわけだね。

それから、お父《とう》さんが、毎日《まいにち》、夜《よる》の十二時《じ》にならないと帰《かえ》ってこないという人《ひと》もいるだろう。「となりの家《いえ》のお父《とう》さんは、六時《じ》には帰《かえ》ってきて、家族《かぞく》でだんらんをしているのに、うらやましいな。」と思《おも》うかもしれない。

けれども、お父《とう》さんのしている仕事《しごと》の種類《しゅるい》によっては、早《はや》く帰《かえ》れないこともあるんだ。お父《とう》さんの帰《かえ》りがなぜおそいのかは、自分《じぶん》も大人《おとな》になってみないとなかなか分《わ》からない。子《こ》どもは、子《こ》どもにとってつごうの悪《わる》いことはすぐに分《わ》かるのに、大人《おとな》のつごうについては、なかなか分《わ》からないものなんだね。

だから、学校《がっこう》で、友《とも》だちや先生《せんせい》に、「お父《とう》さんの帰《かえ》りがおそいんだ。」ということばかり言《い》っていると、お母《かあ》さんが学校《がっこう》に行《い》ったときにこまるだけだ。君《きみ》がぐちを言《い》ったら早《はや》く帰《かえ》ってこられるものならいいけれども、どうしても帰《かえ》れない仕事《しごと》もあるので、お母《かあ》さんとしてもつらいんだ。

そのほかには、お父《とう》さんだけではなくて、お母《かあ》さんも家《いえ》にいないという人《ひと》もいるよね。「家《いえ》に帰《かえ》っても、いつも、ぼく一人《ひとり》だけだ。」ということもあるかもしれない。そういうときには、親《おや》も何《なん》とかして解決《かいけつ》したいと思《おも》っていても、できない事情《じじょう》があるんだろうね。そのため、カギっ子《こ》になることもある。

そういう事情《じじょう》を、自分《じぶん》が勉強《べんきょう》できない理由《りゆう》にしたりして、学校《がっこう》の先生《せんせい》や友《とも》だちから同情《どうじょう》を集《あつ》めたり、ぐれ

1 友だちにグチを言う
ウチの親、きのう ケンカして…
ギョ!
2 友だちの親にうわさが広がる
リョウくんの家 大変みたいよ
あらまぁ
気をつけよう! 家族の話
3 うわさがめぐって…
ご主人と うまく いってないの?
えぇっ!
4 親にめいわくをかける
リョウ!

てしまったりするのは、かんたんなことだ。けれども、そんなことをしても何《なに》も解決《かいけつ》はしないんだ。

それを、悪《わる》い子《こ》になったり、学校《がっこう》をさぼったりする理由《りゆう》にするのは、良《よ》いことではないと知《し》らなければいけないね。

やはり、外《そと》では、家族《かぞく》ができるだけ不利《ふり》にならないように、しっかりと守《まも》らなければいけない。一歩《いっぽ》、家《いえ》を出《で》たら、「家族《かぞく》を守《まも》ろう。家庭《かてい》を守《まも》ろう。」という気《き》持《も》ちを大事《だいじ》にしなければいけないんだ。

③一家《いっか》で信仰生活《しんこうせいかつ》を送《おく》り、きずなを深《ふか》めよう

さらに、家庭《かてい》を守《まも》っていくために大事《だいじ》なことは、「一家《いっか》が正《ただ》しい信仰《しんこう》を持《も》って信仰生活《しんこうせいかつ》を送《おく》る。」ということだね。

信仰《しんこう》で一家《いっか》がまとまっていると、目《め》に見《み》えない力《ちから》で家族《かぞく》が結《むす》びつけられている

んだ。そして、大《おお》いなる仏《ほとけ》の力《ちから》、仏法真理《ぶっぽうしんり》、天上界《てんじょうかい》の光《ひかり》、愛《あい》、守護霊《しゅごれい》たちの導《みちび》きなどによって一家《いっか》が守《まも》られるんだ。

そういう一家《いっか》のまとまりということを強《つよ》く意識《いしき》することが大事《だいじ》だね。

だから、短《みじか》い時間《じかん》であっても、親子《おやこ》で真理《しんり》を学《まな》んだり考《かんが》えたりして、「自分《じぶん》は一人《ひとり》じゃないんだ。目《め》に見《み》えない世界《せかい》から、たくさん応《おう》えんされているんだ。大《おお》勢《ぜい》の人《ひと》が心配《しんぱい》し、導《みちび》いてくれているんだ。」ということを知《し》ってほしい。

親《おや》が見《み》ていないところで悪《わる》いことをしない子《こ》に育《そだ》つためにも、やはり、「仏様《ほとけさま》、神様《かみさま》、守護霊《しゅごれい》など、目《め》に見《み》えない、いろいろな存在《そんざい》が、いつも自分《じぶん》を見守《みまも》ってくれている。」ということを知《し》る必要《ひつよう》があるんだ。

ほんの少《すこ》しの時間《じかん》であっても、どうか、家《いえ》の中《なか》で信仰《しんこう》や真理《しんり》について話《はな》し合《あ》う時間《じかん》を持《も》ち、そして、家族《かぞく》のきずなを深《ふか》くするように努力《どりょく》していこう。

7 家族《かぞく》で助《たす》け合《あ》おう

ポイント

家族《かぞく》は君《きみ》の大切《たいせつ》な味方《みかた》なんだ。きずなを深《ふか》めよう。

やってみよう! チャレンジワーク!

下の①～⑩のうち、第1章の内容に合っているものに○、合っていないものに×をつけよう。

① 子どもでも、学校のクラスや家庭を明るくすることはできる。 □

② 自分自身で努力しようとする気持ちを「自助努力の精神」という。 □

③ 家のお手伝いは自分から進んですることが大切だ。 □

④ 親が勉強を見てくれない人は成績が悪くてもしかたがない。 □

⑤ 分からない問題を何度も考えるのは時間のむだだ。 □

⑥「何を選び、何をすてるか。」を考えることで人間は成長する。 □

⑦ 同時に別の人から用事をたのまれたときには、決して断らないように気をつける。 □

⑧ 家族がうまくやっていくためには「足ることを知る。」ということが大事。 □

⑨ きびしいことばかり言う大人は悪い人だ。 □

⑩ 家の外では家族の悪口を言わないようにする。 □

しっかり実践《じっせん》していこう!
キミはマスターできたかな?

答え ①○ ②○ ③○ ④× ⑤× ⑥○ ⑦× ⑧○ ⑨× ⑩○

第《だい》2章《しょう》 子《こ》どもにとっての心《こころ》の修《しゅ》行《ぎょう》

昨日のペルセウス座流星群、すごかったぁ〜。

ステキだねー。リョウ、望遠鏡持ってるの？

うん。しょうらい、天文学者になりたいんだ。アヤは？

ワタシは、ファンタジー作家！物語を書きためてるんだ。

ほんと？ボクにも読ませて！

夢って、ワクワクするわね。大きな夢をかなえた人って、みんな長いあいだ努力してるのよ。

そうだね。キミたちも夢に近づくために、今から少しずつ力をつけていこうよ！

昔《むかし》のえらい人《ひと》は、どんな生《い》き方《かた》をしていたのかな。学《まな》んでみよう。

1 大《おお》きな志《こころざし》を持《も》とう

——昔《むかし》の中国《ちゅうごく》で活《かっ》やくした英雄《えいゆう》のお話《はなし》

この章《しょう》では、「子《こ》どもは、どうやって心《こころ》の修行《しゅぎょう》をしていけばいいか。」ということについて、いくつかの例《れい》をあげながら、「こういうふうに生《い》きたらいいよ。」ということをお話《はな》ししよう。

昔《むかし》、中国《ちゅうごく》に、漢《かん》という大帝国《だいていこく》があった。この漢《かん》の国《くに》をつくったのは劉邦《りゅうほう》という人《ひと》だ。漢《かん》ができる前《まえ》、この劉邦《りゅうほう》にはライバルがいた。楚《そ》の国《くに》の王様《おうさま》で、項羽《こうう》という、とても戦《いくさ》の強《つよ》い人《ひと》だ。

劉邦《りゅうほう》は項羽《こうう》と何度《なんど》も戦《たたか》ったけれど、いつも負《ま》けてしまう。でも、最後《さいご》に劉邦《りゅうほう》が勝《か》ち、漢帝国《かんていこく》ができた。このとき、項羽《こうう》を負《ま》かしたのが韓信《かんしん》という大将軍《だいしょうぐん》だ。項《こう》羽《う》にずっと負《ま》けつづけていた劉邦《りゅうほう》は、韓信《かんしん》を大将軍《だいしょうぐん》にしてから、勝《か》ちはじめた。

ここでは、この韓信《かんしん》の話《はなし》をしようと思《おも》うんだ。

★子《こ》どものころ、親《しん》せきに育《そだ》てられた韓信《かんしん》

韓信《かんしん》は両親《りょうしん》が早《はや》く亡《な》くなり、親《しん》せきに育《そだ》てられたという。

子《こ》どものころの話《はなし》はくわしくは分《わ》からないけれども、両《りょう》親《しん》がいなかったから、ぶらぶらしていて食《た》べるものも十分《じゅうぶん》になく、人《ひと》からご飯《はん》をめぐんでもらったりしたという話《はなし》も残《のこ》っている。

でも、こうしようと心《こころ》に決《き》めた志《こころざし》だけはあって、いつも

大《おお》きな剣《けん》を背中《せなか》にせおって歩《ある》いていた。こしにつるすと、地面《じめん》についてしまうほどの大《おお》きな剣《けん》だったので、後《うし》ろにつるしていたんだ。

伝説《でんせつ》では、「山《やま》に行《い》ったときに、何百年《なんびゃくねん》も生《い》きたという仙人《せんにん》に、その剣《けん》をさずかった。」という話《はなし》もある。それが本当《ほんとう》かどうかは別《べつ》にして、大《おお》きな剣《けん》を下《さ》げた、かなり大《おお》きな男《おとこ》だったのだろう。

韓信《かんしん》はご飯《はん》をめぐんでもらうような身分《みぶん》だったので、めぐんでく

韓信《かんしん》

中国
韓信の
生まれた場所

中国の英雄、韓信について勉強するぞ！

韓信は、今から2200年前、中国大陸の楚《そ》という国に生まれた。秦《しん》という帝国が滅《ほろ》んで、大混乱が続いていたとき、韓信は劉邦《りゅうほう》という王様の下で大将軍になり、漢《かん》という大きな帝国をつくる活やくをした。それから漢の国は400年間も続いた。ちなみに、みんなが習う「漢字」は、「漢の国から来た文字」という意味なんだ。

れた人《ひと》には、「いつか、えらくなったら、ちゃんとこのお返《かえ》しはしますから。」と言《い》っていたが、「あなたがえらくなったすがたなんて想像《そうぞう》できない。そんなことは言《い》わなくてよろしい。」とおこられるようなありさまだった。

★韓信《かんしん》のまたくぐり

韓信《かんしん》は、そういう人《ひと》として有名《ゆうめい》だったので、あるとき、町《まち》のガキ大将《だいしょう》、今《いま》で言《い》うと、『ドラえもん』のジャイアンみたいな親分《おやぶん》はだの男《おとこ》が、「ちょっと、あいつをからかってやろうか。」ということになった。

その男《おとこ》は、韓信《かんしん》が橋《はし》をわたってくるところを、子分《こぶん》たちを後《うし》ろに連《つ》れて待《ま》ちかまえていて、「どうだ、おまえの持《も》っているその大《おお》きな剣《けん》で、おれを切《き》ってみろ。そうでなければ、おれのまたをくぐってみろ。おれを切《き》るか、またをくぐるか、どっちかだ。」と言《い》って、前《まえ》に立《た》ちはだかったんだ。

おれを切るか
またをくぐるか
どっちかだ！
志《こころざし》のために
たえよう…
韓信《かんしん》のまたくぐり

大剣を持っていた韓信

いったいどうなるのかと、まわりの人《ひと》は見《み》ていた。韓信《かんしん》は大男《おおおとこ》だから、剣《けん》を一《ひと》ふりすれば相手《あいて》を切《き》ることもできる。これほどの大《だい》の男《おとこ》が本当《ほんとう》に四《よ》つんばいになってまたをくぐるかどうか、みんなが見《み》ていた。

すると、韓信《かんしん》は、言《い》われたとおりに、またをくぐってしまった。

まわりの人《ひと》たちは、「なーんだ、弱《よわ》虫《むし》じゃないか。大男《おおおとこ》で、あんな剣《けん》をぶら下《さ》げていて、いつも戦《たたか》い方《かた》の話《はなし》をしたりして、『おれは、しょうらい、えらくなるんだ。』と言《い》っていた男《おとこ》が、またをくぐったじゃないか。」ということで、「韓信《かんしん》のまたくぐり」の話《はなし》は有名《ゆうめい》になる。

★大《おお》きな志《こころざし》のためにチンピラを相手《あいて》にしなかった韓信《かんしん》

「韓信《かんしん》がまたくぐりをした。」といううわさは、韓信《かんしん》が後《あと》でえらくなるときに、だいぶさしさわりになった。「あのまたくぐりの男《おとこ》だろう。そんなやつを、えらくできるか。将軍《しょうぐん》にできるか。」と、ずいぶん言《い》われるんだ。

ふつう、人《ひと》のまたをくぐるような人《ひと》はおくびょう者《もの》だね。学校《がっこう》で、ガキ大将《だいしょう》みたいな人《ひと》からいじめられ、「またをくぐってみろ。」と言《い》われたら、「はいはい。」と言《い》いなりになって、またをくぐるような人《ひと》は、そんなに強《つよ》い人《ひと》でもないだろうし、かしこい人《ひと》でもないかもしれない。

では、なぜ、後《のち》の世《よ》で、またくぐりの話《はなし》が有名《ゆうめい》になったかというと、またくぐりをした韓信《かんしん》が、漢《かん》の大将軍《だいしょうぐん》になって、無敵《むてき》の項羽《こうう》をたおしてしまったからだ。ふしぎだね。それほど勇《いさ》ましい人《ひと》なら、チンピラをやっつけるぐらいはかんたんだったはずだ。剣《けん》をふるえば、おそらく一《いっ》しゅんでたおせただろう。韓信《かんしん》も心《こころ》のなかではそう思《おも》っただろうね。

でも、このころは世《よ》の中《なか》がよくない時代《じだい》だったから、国《くに》のあちこちに取《と》りしまりをする人《ひと》がいっぱいいて、あやしい人《ひと》がいないか目《め》を光《ひか》らせていた。へたなさわぎを起《お》こしたりすると、たちまちつかまってしまったんだ。

「しょうらい、大《おお》きなことをなしとげよう。」と志《こころざし》を立《た》てるような人《ひと》が、生《う》まれ育《そだ》った町《まち》あたりで、そんなチンピラやごろつきを相手《あいて》にケンカなんかしていたのでは、大《おお》きな仕事《しごと》はできないよね。

韓信《かんしん》は、「自分《じぶん》がどれほどの人物《じんぶつ》であるかということは、やがて人《ひと》に見《み》いだされて、ハッキリするだろう。そのときまでは、たとえ食《く》いつめ浪人《ろうにん》（仕事《しごと》を持《も》たずにぶらぶらしていて、他人《たにん》のお世話《せわ》になっているような人《ひと》）みたいに見《み》られてもよい。」と思《おも》って、まわりの人《ひと》からは、「自分《じぶん》でご飯《はん》も食《た》べられず、人《ひと》のまたをくぐって生《い》きている。」とばかにされても、志《こころざし》は曲《ま》げずに持《も》っていたんだ。そうして、やがて志《こころざし》をとげたわけだね。

★楚《そ》の国《くに》の王様《おうさま》・項羽《こうう》は韓信《かんしん》の才能《さいのう》を見《み》ぬけなかった

韓信《かんしん》は、最初《さいしょ》、楚《そ》の国《くに》の王様《おうさま》である項羽《こうう》という人《ひと》のところにいた。項羽《こうう》はとても強《つよ》かったので、韓信《かんしん》は下《した》っぱだった。だから、韓信《かんしん》がかしこい作《さく》戦《せん》を立《た》てて、「こうすれば勝《か》てます。」と言《い》っても、そんなに聞《き》いてもらえなかったんだ。

その後《ご》、ある戦《たたか》いで、項羽《こうう》が敵《てき》の劉邦《りゅうほう》をにがしてしまうのを見《み》た韓信《かんしん》は、「項《こう》羽《う》はだめだ。」と思《おも》って、項羽《こうう》の軍《ぐん》をはなれてしまう。

私に向いている仕事は大将軍しかない！
たえしのびの時代

韓信《かんしん》は、項羽《こうう》の身《み》のまわりを守《まも》る役《やく》までしていたけれど、やり持《も》ちのような仕事《しごと》しかさせてもらえず、頭《あたま》のよさを十分《じゅうぶん》に生《い》かせなかったので、項羽《こうう》の軍《ぐん》をやめてしまったんだ。

韓信《かんしん》は、それほどプライドが高《たか》かったんだね。「自分《じぶん》は、こんな仕事《しごと》をする人間《にんげん》じゃない。」ということをよく知《し》っていた。「自分《じぶん》に向《む》いている仕《し》事《ごと》は大将軍《だいしょうぐん》しかない。」という考《かんが》えを持《も》っていたんだ。

ワー
ワー
韓信、ついに大将軍になる!
韓信をぜひ大将軍に!
そこまで言うのなら…
劉邦《りゅうほう》
蕭何《しょうか》
韓信《かんしん》

★劉邦《りゅうほう》のもとで大将軍《だいしょうぐん》になった韓信《かんしん》

それから、韓信《かんしん》は、項羽《こうう》の敵《てき》である劉邦《りゅうほう》という人《ひと》の側《がわ》についた。

最初《さいしょ》、劉邦《りゅうほう》は韓信《かんしん》をなかなか将軍《しょうぐん》にしようとしなかった。まだ仕事《しごと》の成果《せいか》はないし、「なにしろ、あの、うわさのまたくぐりの男《おとこ》だろう。またをくぐるような人間《にんげん》に将軍《しょうぐん》ができるか。みんな笑《わら》ってしまって、ついてこないだろう。」と言《い》って、なかなか将軍《しょうぐん》にしようとはしなかったんだ。

でも、劉邦《りゅうほう》を補佐《ほさ》していた蕭何《しょうか》が韓信《かんしん》の才能《さいのう》におどろき、「韓信《かんしん》を大将軍《だいしょうぐん》にしてください。」と、何度《なんど》も何度《なんど》も劉邦《りゅうほう》にすすめたので、とうとう劉邦《りゅうほう》は韓信《かんしん》を大将軍《だいしょうぐん》にすることにしたんだね。

★大将軍《だいしょうぐん》・韓信《かんしん》、戦《いくさ》に勝《か》ちつづける

すると、ふしぎなことに、たちまち、韓信《かんしん》は戦《いくさ》に勝《か》って勝《か》って勝《か》ちまくり、一度《ど》も負《ま》けない。

だれも分《わ》からなかったけれど、韓信《かんしん》だけが自分《じぶん》の才能《さいのう》を知《し》っていたんだ。「自分《じぶん》には才能《さいのう》がある。戦《たたか》いに勝《か》つ方法《ほうほう》を知《し》っていて、頭《あたま》のはたらきもよく、戦《いくさ》に強《つよ》い。」という韓信《かんしん》のプライドはズバリ当《あ》たっていたんだね。

まるで竜《りゅう》が川《かわ》の深《ふか》い所《ところ》に身《み》をひそめ、天《てん》にのぼるときを待《ま》つように、自分《じぶん》に合《あ》った本当《ほんとう》の仕事《しごと》ができるよ

さすがですね！
かっこいい！ボクもこうなりたい！
志《こころざし》を立てることって、大切なんだ

うになるまでの間《あいだ》、韓信《かんしん》は一生《いっしょう》けんめい身《み》をひそめていたわけだ。

★最後《さいご》の戦《たたか》い、項羽《こうう》との決戦《けっせん》に勝《か》つ

韓信《かんしん》が大将軍《だいしょうぐん》になってから、劉邦《りゅうほう》は勝《か》ちはじめた。そして、最後《さいご》に項羽《こうう》とも決《けっ》戦《せん》をすることになる。項羽《こうう》は、あちこちに置《お》かれた兵《へい》に取《と》り囲《かこ》まれ、どこへにげても兵《へい》が出《で》てくるから、だんだん弱《よわ》っていき、それで最期《さいご》になった。

★漢《かん》の皇帝《こうてい》になろうとしなかった韓信《かんしん》

こうして、中国《ちゅうごく》には大《おお》きな漢帝国《かんていこく》ができ、劉邦《りゅうほう》が皇帝《こうてい》になったんだ。

でも、本当《ほんとう》は劉邦《りゅうほう》よりも韓信《かんしん》のほうが強《つよ》いことを、みんな知《し》っていた。劉邦《りゅうほう》はずっと負《ま》けていたのに、韓信《かんしん》が来《き》てから勝《か》ちつづけ、それで漢帝国《かんていこく》ができた。韓《かん》信《しん》はそれほど強《つよ》かった。項羽《こうう》よりも強《つよ》いのだから、韓信《かんしん》が皇帝《こうてい》になったら、みんな、したがっていただろう。しかし、韓信《かんしん》はそれをしなかったんだ。

韓信《かんしん》は、「私《わたし》は、皇帝《こうてい》に引《ひ》きたてられてえらくなった大将軍《だいしょうぐん》だから、道《みち》に外《はず》れたことは絶対《ぜったい》にできない。」という気持《きも》ちを守《まも》りぬいたんだね。「自分《じぶん》の使命《しめい》は大《だい》将軍《しょうぐん》としての使命《しめい》であって、皇帝《こうてい》になる使命《しめい》ではないのだ。」と悟《さと》っていたのだろうと思《おも》う。

その後《ご》、劉邦《りゅうほう》の皇后《こうごう》たちが韓信《かんしん》の力《ちから》をおそれて、韓信《かんしん》をわなにはめたため、韓《かん》信《しん》は不運《ふうん》な最期《さいご》をとげることになった。

★韓信《かんしん》は生《う》まれ変《か》わって、日本武尊《やまとたけるのみこと》、山県有朋《やまがたありとも》として活《かつ》やくした

この韓信《かんしん》は、やがて日本《にほん》に生《う》まれ変《か》わる。大和朝廷《やまとちょうてい》を築《きず》く力《ちから》になった、日本《やまと》武尊《たけるのみこと》という人《ひと》だ。熊襲《くまそ》など、日本全国《にほんぜんこく》のいろいろな豪族《ごうぞく》をおさえて統一《とういつ》し、世《よ》

の中《なか》を平和《へいわ》にしていった人《ひと》だ。

その後《ご》、江戸時代《えどじだい》の終《お》わりごろに、山県有朋《やまがたありとも》という人《ひと》に生《う》まれ変《か》わり、明治時代《めいじじだい》には、日本《にほん》の国《くに》づくりにずいぶん力《ちから》をつくした。日本《にほん》の役人《やくにん》の制度《せいど》をつくった人《ひと》でもあり、総理大臣《そうりだいじん》にもなった人《ひと》だ。

このように、いつも国《くに》づくりのときに出《で》ている人《ひと》なんだ。

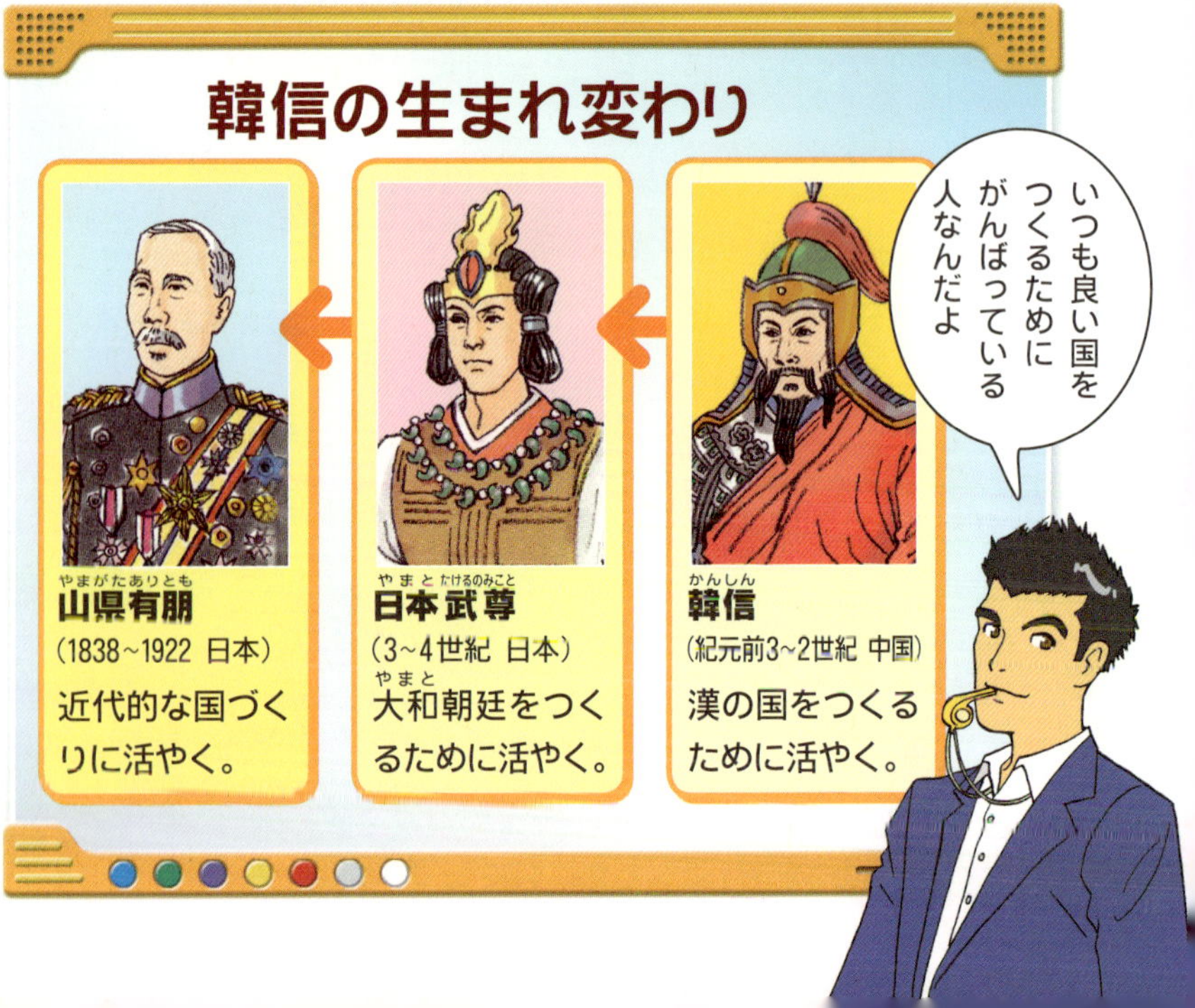
韓信の生まれ変わり
いつも良い国をつくるためにがんばっている人なんだよ
韓信《かんしん》
(紀元前3~2世紀 中国)
漢の国をつくるために活やく。
日本武尊《やまとたけるのみこと》
(3~4世紀 日本)
大和《やまと》朝廷をつくるために活やく。
山県有朋《やまがたありとも》
(1838~1922 日本)
近代的な国づくりに活やく。

韓信のようにボクも志《こころざし》を立てよう！

1 大《おお》きな志《こころざし》を持《も》とう

ポイント

君《きみ》はしょうらいどんな人《ひと》になりたいか、志《こころざし》を立《た》ててみよう。

キミも「志《こころざし》」を考えよう！

志を持つとやる気がわくモン！

★しょうらい、どんな人になりたい？

★そのために、今からできる努力は何かな？

何《なに》か分《わ》からないことがあったとき、
キミはどうしているかな？

2 分《わ》からないことはすなおに教《おそ》わろう

①聞《き》くは一時《いっとき》のはじ、聞《き》かぬは末代《まつだい》（一生《いっしょう》）のはじ

韓信《かんしん》のお話《はなし》では、「韓信《かんしん》は、実際《じっさい》に自分《じぶん》の仕事《しごと》ができる立場《たちば》に立《た》つまでは、身《み》をひそめて一生《いっしょう》けんめい努力《どりょく》していた。」ということを言《い》いたかったんだ。

韓信《かんしん》のように大将軍《だいしょうぐん》にまでなった人《ひと》でも、もともとのスタートしたところは、そんなに高《たか》くはなかった。最初《さいしょ》はあまりえらくなかったのに、だんだんと力《ちから》をつけて、人《ひと》の上《うえ》に立《た》つようになっていったんだね。

子《こ》ども時代《じだい》というのは、ちょうどそういう時代《じだい》なんだ。どんなに頭《あたま》がよくて、すぐれた子《こ》でも、いつか大《おお》きなことをなしとげるような子《こ》でも、子《こ》どものときは、まだ人々《ひとびと》にみとめられるときではないんだよ。

大《おお》きくなったら親《おや》よりもえらくなる子《こ》どもはたくさんいる。

でも、子《こ》ども時代《じだい》に親《おや》をぬくことはできない。両親《りょうしん》に、いろいろなことでしかられたりする。

それから、学校《がっこう》の先生《せんせい》からも指導《しどう》を受《う》けたり、しかられたりする。

また、友《とも》だちもそうだ。しょうら

い、自分《じぶん》といっしょに仕事《しごと》をすることはないだろうと思《おも》う人《ひと》といっしょにすごしたり、それほどえらくならないような人《ひと》から注意《ちゅうい》されたりすることもある。

子《こ》ども時代《じだい》というのは、まるで宝石《ほうせき》とふつうの石《いし》がいっしょになって生活《せいかつ》をしているような時代《じだい》なんだ。

また、あまりえらくない大人《おとな》からもいろいろと注意《ちゅうい》されて、くやしい思《おも》いをしたり、悲《かな》しい思《おも》いをしたりすることもある。「自分《じぶん》は、なかなか人《ひと》にみとめてもらえない。」という気持《きも》ちの強《つよ》い時期《じき》ではあるんだ。

私《わたし》も、自分自身《じぶんじしん》をふりかえると、子《こ》ども時代《じだい》にはそういうところがあったような気《き》がする。何《なに》か才能《さいのう》のようなものがあることは感《かん》じているのだけれども、それが何《なに》かはよく分《わ》からない。その感《かん》じているものが本当《ほんとう》になるまでは、まだ時間《じかん》がかかりそうで、じれったい感《かん》じだろうか。

大人《おとな》からは、いろいろなことを注意《ちゅうい》された。それから、知《し》らないこともたくさんあった。「こんなはずはないのに。」と思《おも》うのに、知《し》らないことはいっぱいあったんだ。

私《わたし》が七歳《さい》のころ、父親《ちちおや》から、「聞《き》くは一時《いっとき》のはじ、聞《き》かぬは末代《まつだい》（一生《いっしょう》）のはじ。」と言《い》われたことがある。

これは、「知《し》らないことを人《ひと》に聞《き》くのははずかしいけれども、はずかしいのはそのときだけだ。一生《いっしょう》のことを考《かんが》えれば、大人《おとな》になっても知《し》らないということのほうがはじをかくんだから、知《し》らないことは、子《こ》ども時代《じだい》のうちに、どんどん聞《き》いておかなければいけない。」ということだね。

ただ、そう言《い》われても、自分《じぶん》の知《し》らないことは、なかなか人《ひと》に聞《き》けないものだ。「自分《じぶん》はこれを知《し》らない。」と、他《た》の人《ひと》に分《わ》かってしまうのは、つらいことだよね。

私《わたし》も、どちらかというと、なかなか聞《き》けないほうだった。

②分《わ》からなくても「平気《へいき》な子《こ》」と「気《き》になる子《こ》」の二種類《しゅるい》がいる

ところで、私《わたし》の家《いえ》には子《こ》どもが五人《にん》いるのだけれども、よく見《み》ていると二種類《しゅるい》のタイプの子《こ》がいるんだ。

一つは、大人《おとな》といっしょにテレビやビデオなどを見《み》ていて、本当《ほんとう》は分《わ》からないことはいっぱいあるはずなのに、平気《へいき》で最後《さいご》まで見《み》ることができるタイプの子《こ》だ。大人《おとな》には、その子《こ》が本当《ほんとう》に分《わ》かっているのか分《わ》かっていないのかが、はっきりしないのだけれども、平気《へいき》で一時間《じかん》、二時間《じかん》と、大人《おとな》といっしょに見《み》ることができるんだ。

もう一つは、テレビを見《み》ていて、自分《じぶん》が分《わ》からないことが出《で》てくると、がまんできなくて、「あれはどういうこと？　これはどういうこと？」と聞《き》いてきて、「もうあっちへ行《い》っていなさい。」と親《おや》から言《い》われるタイプの子《こ》だ。

ちょっと見《み》ただけだと、大人《おとな》といっしょに、だまってテレビを見《み》ている子《こ》のほうが、かしこそうで、「えらいなあ。」と思《おも》うよね。でも、それから何年《なんねん》かたって勉強《べんきょう》ができるようになる子《こ》は、分《わ》からないことがあると、「あれはどういうこと？これはどういうこと？」と言《い》って、大人《おとな》のじゃまをしてうるさかった子《こ》のほうなんだ。これはふしぎだね。

子《こ》どもがだまってテレビを見《み》ていると、「この子《こ》は大人《おとな》みたいに分《わ》かる力《ちから》があるのかな。」と思《おも》ってしまうけれども、本当《ほんとう》は、分《わ》かっているふりをしているだけで、たぶん、テレビにうつっていることの半分《はんぶん》ぐらい分《わ》かれば見《み》ていられるという感《かん》じなのではないかな。

そういうふうに、分《わ》からない言葉《ことば》が出《で》てきても平気《へいき》なタイプの子《こ》と、気《き》になってしかたがないタイプの子《こ》の二種類《しゅるい》がいるんだ。

分《わ》からないことが出《で》てくると、すぐに質問《しつもん》する子《こ》は、とちゅうで止《と》まってしまって先《さき》に進《すす》まない。そして、大人《おとな》からうるさがられて、「大人《おとな》が楽《たの》しめなくなるから、あっちへ行《い》っていなさい。」と追《お》い立《た》てられる。でも、こういう子《こ》のほうが勉強《べんきょう》はよくできるようになっていくんだね。

これは、感《かん》じとしてはだいたい分《わ》かるだろう。

分《わ》からないところがとても気《き》になる子《こ》というのは、引《ひ》き算《ざん》で考《かんが》えるように、物事《ものごと》をよくないほうに見《み》るんだ。例《たと》えば、テストで百点《ひゃくてん》を取《と》れないと、「五点《てん》まちがえた。」「十点《てん》まちがえた。」と言《い》って、ま

分からなくても 平気な子 気になる子 キミはどっちタイプ？

- ♣ 知らない言葉は辞書で調べたり人に聞いたりする。
- ◆ いちいち人に聞くのはめんどうだ。
- ♣ 自分から先生に質問したことがある。
- ◆ 知らないことが出てきても、「まあいいや。」と思う。
- ♣ テストでまちがえた問題は復習する。
- ◆ 友だちに、つい知ったかぶりしてしまう。

♣が多かった人は▶「気になる子」タイプ
→ 132 ページ 2 ～ 4 行目を読んでみよう！

◆が多かった人は▶「平気な子」タイプ
→ 131 ページ 11 行目～ 132 ページ 1 行目を読んでみよう！

ちがったところがとても気《き》になって、よくおぼえている子《こ》なんだね。

ところが、親《おや》と同《おな》じものを見《み》ていて、本当《ほんとう》は分《わ》からないはずなのに、分《わ》かったような感《かん》じでいられる子《こ》というのは、物事《ものごと》を足《た》し算《ざん》で考《かんが》えるように、いいほうに見《み》るんだ。「半分《はんぶん》ぐらい分《わ》かったから、いいじゃないか。」というような感《かん》じだね。

一つは、テレビなどを大人《おとな》といっしょに長《なが》い時間《じかん》だまって見《み》ていられるタイプ。もう一つは、分《わ》からないことがあると、すぐ大人《おとな》に聞《き》いて、うるさがられるタイプだ。そして、勉強《べんきょう》ができるようになる子《こ》は、この二番目《ばんめ》のタイプなんだね。

親《おや》と同《おな》じものを見《み》ていて、分《わ》かったような感《かん》じでいられる子《こ》は、「半分《はんぶん》、分《わ》かった。」「半分以上《はんぶんいじょう》、分《わ》かった。」と、足《た》し算《ざん》で考《かんが》えるように、物事《ものごと》をいいほうにいいほうに見《み》ている。

反対《はんたい》に、自分《じぶん》が分《わ》からないところのほうをよく感《かん》じる子《こ》は、百点満点《ひゃくてんまんてん》のテストで、「五点《てん》だけ取《と》れなくて九十五点《てん》だった。」「取《と》れないところが十点《てん》あって九十点《てん》だった。」と、引《ひ》き算《ざん》で考《かんが》えるように、物事《ものごと》を良《よ》くないほうに考《かんが》えやすい。自《じ》分《ぶん》のまちがえたところがとても気《き》になって、よくおぼえている子《こ》だ。

③分《わ》からないことをそのままにしない

その二つのタイプは、ものの考《かんが》え方《かた》に少《すこ》しちがいがあると思《おも》うんだ。

足《た》し算《ざん》のように、いいほうに考《かんが》えがちな子《こ》は、物事《ものごと》の明《あか》るいところを見《み》ていこうとする。何《なん》でもうまくいくと思《おも》い、自分《じぶん》のことを自分《じぶん》でほめるところがある。「えらい、えらい。」と自分《じぶん》でほめる。「すごいだろう。」というようなことをすぐ言《い》いやすい。

ところが、まちがいによく気《き》づく子《こ》は、失敗《しっぱい》などがとても気《き》になるタイプだ。物事《ものごと》の明《あか》るいところを見《み》ていく子《こ》は、「ぼくは学校《がっこう》のテストでも八十点《てん》より下《した》は取《と》ったことがない。」というようなことを平気《へいき》で言《い》う。

テストで同じ点数でも…
足し算タイプ
やったー!
ボクってすごい!
ボクってえらい!
引き算タイプ
まちがえた問題を復習しておこう!
テストは返ってきてからが大切よ
うかれてる場合じゃないモン!

ところが、できるほうの子《こ》は、テストで九十五点《てん》を取《と》ると、親《おや》に見《み》られないように一生《いっしょう》けんめいかくそうとする。たった一問《もん》まちがっているだけでも、はずかしいので、百点《ひゃくてん》以外《いがい》は見《み》せないようにするところがある。

だから、物事《ものごと》を足《た》し算《ざん》で考《かんが》えて良《よ》いほうに見《み》ているか、引《ひ》き算《ざん》で考《かんが》えて良《よ》くないほうに見《み》ているかで、子《こ》どもでもずいぶんちがいがあるんだね。

みんなも、「子《こ》どもだから知《し》らなくてもいいだろう。」と思《おも》って、自分《じぶん》が分《わ》からないことを、そのままにしてしまうこともあるかもしれない。

ただ、ここで言《い》えることは、自分《じぶん》の分《わ》からないところを、「分《わ》からない。」と、はっきり知《し》っていて、それを大人《おとな》に聞《き》いたり、辞典《じてん》を引《ひ》いたり、教科書《きょうかしょ》を調《しら》べたりして知《し》ろうとする子《こ》のほうが、勉強《べんきょう》はできるようになるということだ。

大人《おとな》の話《はなし》に、いちいち、「それはどういう意味《いみ》？　これはどういう意味《いみ》？」と聞《き》くのは少《すこ》しはずかしいし、じゃま者《もの》あつかいされることもあるけれど、自分《じぶん》が「分《わ》からない。」と思《おも》ったことは大事《だいじ》にしなければいけない。

④人《ひと》に頭《あたま》を下《さ》げて教《おそ》わろう

前《まえ》の節《せつ》で「韓信《かんしん》のまたくぐり」の話《はなし》をしたけれども、「どんなに優秀《ゆうしゅう》な子《こ》でも、どんなに才能《さいのう》のある子《こ》でも、子《こ》ども時代《じだい》は大人《おとな》のような知識《ちしき》や経験《けいけん》もないから、しょうらい、大《おお》きなことをなしとげようとするなら、またをくぐらなければいけないこともある。」ということだったね。

「またをくぐる。」というのは、「はじをしのんで、しょうらいのために、すなおに努力《どりょく》を続《つづ》けていかなければいけない時期《じき》がある。」ということなんだ。

分《わ》からないことを当《あ》てずっぽうで考《かんが》えたりして、「まあいいや。」と思《おも》って満足《まんぞく》していると、学問《がくもん》でも運動《うんどう》でも上達《じょうたつ》しないよ。いいかげんなままでほうっておくと、後《あと》でつけが回《まわ》ってきて、うまくいかなくなることがあるんだ。

だから、基礎《きそ》の力《ちから》をつけなければならないうちは、自分《じぶん》が分《わ》からないことにたえて、泣《な》きながらでも勉強《べんきょう》する努力《どりょく》をしないといけないんだね。

君《きみ》も優秀《ゆうしゅう》な人《ひと》かもしれない。しょうらいは、えらくなるかもしれない。親《おや》以上《いじょう》のことをするかもしれない。親《おや》にない才能《さいのう》があるかもしれない。学校《がっこう》の先生《せんせい》には分《わ》からないような才能《さいのう》があるかもしれない。友《とも》だちが持《も》っていない才能《さいのう》を持《も》っているかもしれない。それは実際《じっさい》にそうなのかもしれない。

君《きみ》の才能《さいのう》は、いつか明《あき》らかになってくるだろう。でも、今《いま》はまだ明《あき》らかではないよね。「自分《じぶん》には才能《さいのう》があるんだ。」というプライドは持《も》っていてもいいけれども、今《いま》は、すなおに教《おそ》わらなければいけない時期《じき》なんだ。

人《ひと》から教《おそ》わるためには、なかなかできることではないけれども、こしを低《ひく》くして頭《あたま》を下《さ》げなければいけない。

頭《あたま》を下《さ》げることができる人《ひと》や、こ

「教わりじょうず」になるポイント！

★こしを低くして頭を下げよう！

オウ！
ペコリ
教えてください
ちょっと聞きたいんだけどさぁ
ポンッ
ン？

★すなおな気持ちで、れいぎ正しくね！

それは…
…ってどういう意味ですか？
そんなの聞かなくてもわかるよ！
フンッ
ホントかな？

さっそく実行だモン！

しを低《ひく》くできる人《ひと》のほうが、しょうらいはえらくなり、こしが低《ひく》くない人《ひと》や、頭《あたま》を下《さ》げないでいばっている人《ひと》のほうは、実《じつ》はえらくなれないんだ。このように逆《ぎゃく》になってくるんだね。

プライドの高《たか》い人《ひと》もたくさんいるだろうけれども、人《ひと》に頭《あたま》を下《さ》げて教《おし》えてもらうのにお金《かね》はいらない。すなおな気持《きも》ちで、「分《わ》からないので教《おし》えてください。」と言《い》えば、いくらでも教《おし》えてもらえるけれども、ふんぞり返《かえ》っていばっていたら、だれも教《おし》えてくれないんだ。

⑤まちがいは、すなおにみとめよう

中《なか》には、ふんぞり返《かえ》るだけではなくて、自分《じぶん》がまちがっていても、開《ひら》き直《なお》ってまちがいを押《お》し通《とお》す人《ひと》や、人《ひと》の意見《いけん》を聞《き》く気《き》のない人《ひと》もいる。

それは、プライドが高《たか》いからなのだろうし、本当《ほんとう》のことを言《い》えば、「きずつきたくない。」という気持《きも》ちの表《あらわ》れなんだと思《おも》うね。

自分《じぶん》が分《わ》からないことやできないことを人《ひと》に知《し》られ、「そんなことも分《わ》からないのか。」と言《い》われて、きずつくのは、いやなものだ。それで、自分《じぶん》を守《まも》りたくなる気持《きも》ちは分《わ》かる。

けれども、「自分《じぶん》を守《まも》りたい。」という気持《きも》ちで、分《わ》からないまま行《い》くと、結果《けっか》的《てき》には、自分《じぶん》を守《まも》れず、自分《じぶん》をもっとだめにしてしまうことになる。そのままでは、しょうらい、自分《じぶん》がもっと大《おお》きなはじをかいてしまうこともあるんだ。

大人《おとな》になってから、「知《し》らなくてはずかしい。」と思《おも》っていたことを思《おも》い出《だ》してみると、どうでもいいような本当《ほんとう》に小《ちい》さなことが多《おお》いものだよ。でも、子《こ》どものときには、そんなことでもはずかしく思《おも》ってしまうんだ。

私《わたし》も、小学生時代《しょうがくせいじだい》に、はずかしい思《おも》いをしたことがある。

あるとき、親《おや》に連《つ》れられて海水浴《かいすいよく》に行《い》ったんだけれど、「ここは、前《まえ》に来《き》たことのある海水浴場《かいすいよくじょう》だよね。」と言《い》ったら、みんなにドッと笑《わら》われてしまったんだ。実《じつ》は別《べつ》の場所《ばしょ》だったんだね。

前《まえ》に一度《ど》、県《けん》の南《みなみ》のほうにある海水浴場《かいすいよくじょう》へ行《い》ったことがあったので、そのときと同《おな》じ場所《ばしょ》かと思《おも》ったのだけれども、その場所《ばしょ》は、実《じつ》は県《けん》の北《きた》のほうの海水浴場《かいすいよくじょう》だったんだ。

それから一年《ねん》たっても二年《ねん》たっても、まわりの人《ひと》から笑《わら》われてしまったことを、ときどき思《おも》い出《だ》しては、そのたびにタラタラと汗《あせ》をかくほどはずかしくなって、顔《かお》から火《ひ》が出《で》るような思《おも》いをしたおぼえがずいぶんある。

今《いま》から考《かんが》えてみたら、そんなのはどうってことないことだよね。

初《はじ》めての場所《ばしょ》へ行《い》って、どこの海《うみ》か分《わ》からないのは当然《とうぜん》のことだ。知《し》らなくて当《あ》たり前《まえ》なんだから、何《なに》もはずかしいことはない。けれども、そのときに人《ひと》に笑《わら》われたので、はずかしい思《おも》いが何年《なんねん》も残《のこ》っていたんだ。

パインが育つとヤシの木になるんだよね？
竹の子みたいに！
ガーン！
にてますけどパインとヤシは別のものですよ
アヤにしてはめずらしー
アハハハハ
ああ
はずかしかった…
ヨシヨシ
だれでもかんちがいはあるモン
まちがいをみとめることが大切なのよ

そのように、たいしたことではないことでも気《き》にする人《ひと》はいるだろうね。

それから、勉強《べんきょう》でのまちがいをすることもあると思《おも》う。かんちがいはよくあることだし、おぼえちがいをすることもあるよね。

「こんなに勉強《べんきょう》ができるのに。」という人《ひと》でも、思《おも》わぬところで、知《し》らない言葉《ことば》が出《で》てきたり、漢字《かんじ》をまちがえていたり、英語《えいご》のつづり方《かた》をまちがえていたり、まちがえたおぼえ方《かた》をしていることがある。

かんちがいをしておぼえてから、五年《ねん》や十年以上《ねんいじょう》たち、大人《おとな》になって、やっと気《き》がつくようなこともある。大学《だいがく》の先生《せんせい》でも、まちがった言葉《ことば》を使《つか》う人《ひと》はいるんだ。そういうはずかしい思《おも》いをすることは、いくらでもあるだろう。

中《なか》には、どこかで思《おも》いちがいをしたことを、どうしてもみとめたくなくて、言《い》い張《は》る人《ひと》もいる。でも、そういうことを何度《なんど》も何度《なんど》も言《い》っていると、だんだん、まわりも注意《ちゅうい》をしてくれなくなってしまうんだ。

本当《ほんとう》は、自分《じぶん》が弱気《よわき》だったり、れっとう感《かん》（人《ひと》よりも自分《じぶん》はおとっていると感《かん》じる気《き》持《も》ち）を持《も》っていたりするために、強《つよ》がったり、えらそうに言《い》ったり、人《ひと》の言《い》うことを聞《き》かなかったりしているのだけれども、それは、いつまでもは通《つう》じない。

ふつう、二十歳《はたち》ぐらいまでは人生修行《じんせいしゅぎょう》だと思《おも》わなければいけないね。「すなおに身《み》を低《ひく》くして、まわりから教《おそ》わろう。」という気持《きも》ちを持《も》っていないと、どうしても情報《じょうほう》が入《はい》ってこなくなってしまうんだ。

先《さき》ほどの、またくぐりの英雄《えいゆう》ではないけれども、本当《ほんとう》に強《つよ》い人《ひと》、本当《ほんとう》に大《おお》きい人《ひと》は、自分《じぶん》を強《つよ》く見《み》せようとしたり、大《おお》きく見《み》せようとしたりする必要《ひつよう》はないんだ。

しょうらい、大《おお》きなことをなしとげるような人《ひと》は、今《いま》やるべきことを一つひとつ積《つ》み重《かさ》ねている。いつか大《おお》きなことをなしとげるにしても、子《こ》どもには子《こ》どもの時点《じてん》でしなければならない修行《しゅぎょう》があるのだから、今《いま》できる努力《どりょく》を一つひとつやっていくことが大切《たいせつ》なんだね。

2 分《わ》からないことはすなおに教《おそ》わろう

ポイント

聞《き》くは一時《いっとき》のはじ、
聞《き》かぬは末代《まつだい》(一生《いっしょう》)のはじ。

先生！
ここ教えて
ください！
オウ！
何でも
聞いてくれ！
知ったかぶりをしてると
大人になってからこまるよ
分からないことは
勇気を出して
聞いてみようね！
私も
この解き方が
分かりません
よく聞ける子は
よく学べる子だ
モン！

ココをチェック!

しょうらい成功《せいこう》する人《ひと》になるには どうやって力《ちから》をつけたら良《よ》いだろう?

3 基礎力《きそりょく》をつけよう

① 足場《あしば》を固《かた》めながら前《まえ》に進《すす》もう

もう一つ、みんなに言《い》っておきたい大切《たいせつ》なことがある。

小《ちい》さいころに訓練《くんれん》しておくということは、とても大事《だいじ》なことなんだ。

例《たと》えば、しょうらい、数学《すうがく》の大天才《だいてんさい》になるかもしれない子《こ》もいるだろう。その子《こ》は、「いつか、ぼくは数学《すうがく》オリンピックに出《で》て金賞《きんしょう》をもらうんだ。チャンピオンになるんだ。」と思《おも》っているかもしれないね。

でも、その子《こ》がまだ小学校《しょうがっこう》一年生《ねんせい》で、足《た》し算《ざん》や引《ひ》き算《ざん》ができなくて答《こた》えをまちがえるぐらいだったら、先生《せんせい》からおこられても当然《とうぜん》だ。それは、おこられなければいけないね。そして、おこられたことはその通《とお》りだと思《おも》って、できるように訓《くん》練《れん》しなければいけない。

それなのに、「しょうらい、自分《じぶん》は大《おお》きなことができるから、そういうことは必要《ひつよう》ないんだ。」と考《かんが》えているとしたら、それはまちがいだね。それをはっきり知《し》らなければいけない。そういう基礎的《きそてき》なこともできずに、しょうらい、大《おお》きなことができるようになることはないんだよ。

スポーツ選手《せんしゅ》になるにしても、そのための努力《どりょく》はずっと続《つづ》くものだ。いきなり、ゆうしょうできるようにはならない。

何《なん》でも、基礎《きそ》を一つひとつきたえていかなければだめなものなんだ。「小《ちい》さいころは、勉強《べんきょう》する知識《ちしき》が少《すく》ないから、あまりたいしたことはない。大《おお》きくなって、知識《ちしき》の量《りょう》がたくさん増《ふ》えてくるときが大事《だいじ》だ。」という考《かんが》え方《かた》もあるけれど、いろいろと見《み》てみると、それだけではないような気《き》がする。

知識《ちしき》が少《すく》ないときでも、きちんと訓練《くんれん》して、できるようにすることは、とても大事《だいじ》なことなんだね。

基礎的《きそてき》なこと、やさしいことでも、きちっとやりとげられる訓練《くんれん》をし、決《けっ》してごまかさない精神《せいしん》を身《み》につけておかないと、あとで、勉強《べんきょう》がむずかしくなり、知《ち》識《しき》が増《ふ》えてきたときに、整理《せいり》できなくなって、めちゃくちゃになるよ。

おぼえなければいけない知識《ちしき》が少《すく》ないうちは、すぐにおぼえることができて、かんたんだと思《おも》うかもしれない。そのかんたんなことでも、くり返《かえ》しくり返《かえ》し訓《くん》練《れん》して、できるようにすることが大事《だいじ》なんだ。

きょう足《た》し算《ざん》のやり方《かた》を教《おそ》わったら、一時間後《じかんご》にはできるようになっているかもしれない。でも、三か月後《げつご》にもできるかどうかは分《わ》からないよ。「三か月《げつ》たったら、できなくなってしまった。」ということではこまるんだ。

山道を走る列車のしくみ

列車が山道をジグザグに走り、急な坂を登る方法を「スイッチバック方式」という。

だから、「きょうできたから、もうこれで終《お》わりなんだ。」と思《おも》ってはだめなんだね。くり返《かえ》しくり返《かえ》し、前《まえ》にもどって、できるようにしながら、先《さき》に進《すす》んでいくことが大事《だいじ》なんだ。

君《きみ》たちは山道《やまみち》を走《はし》る列車《れっしゃ》を見《み》たことがあるかな。

列車《れっしゃ》はあまり急《きゅう》な坂《さか》だとスーッと走《はし》れなくなるため、線路《せんろ》をジグザグにして走《はし》りやすくしている場所《ばしょ》があるんだ。そういう場所《ばしょ》では、列車《れっしゃ》が少《すこ》し進《すす》んだところで、いったん止《と》まり、運転手《うんてんしゅ》が後《うし》ろの車両《しゃりょう》に乗《の》りかえるんだ。そして、今度《こんど》は反対《はんたい》の方向《ほうこう》へ走《はし》っていき、またしばらく進《すす》んだら止《と》まって、さらに反対方向《はんたいほうこう》に走《はし》るということをくり返《かえ》して、登《のぼ》っていくんだね。

勉強《べんきょう》でも、それと同《おな》じようなことが言《い》えるんだ。「ここの勉強《べんきょう》は終《お》わった。」と思《おも》ったら、少《すこ》し先《さき》へ進《すす》んでみる。そして、だいたいのところで、また少《すこ》し元《もと》にもどって足場《あしば》を固《かた》めるんだ。こういうくり返《かえ》しがとても大事《だいじ》なんだね。

このように、「足場《あしば》を固《かた》めては進《すす》み、また足場《あしば》を固《かた》めては進《すす》む。」という方法《ほうほう》を、「フィードバック」というんだ。

少《すこ》しもどっては足場《あしば》を固《かた》めて、また進《すす》むということ。それから、きちんとできるように訓練《くんれん》を積《つ》むということ。これはとても大事《だいじ》なことだと感《かん》じるので、努力《どりょく》してみてほしい。

②まずは人《ひと》の意見《いけん》をよく聞《き》こう

それぞれの人《ひと》が個性《こせい》を花開《はなひら》かせるということは大切《たいせつ》なことだ。

でも、その前《まえ》に、社会《しゃかい》の中《なか》で、みんなといっしょに生活《せいかつ》できるようになるぐらいの基礎《きそ》をつくらなければいけないんだ。

その基礎《きそ》とは何《なん》だろう。それは、「大人《おとな》になって人《ひと》にめいわくをかけないようにする。」ということなんだ。そのために、みんなができるようなことは、だいたいきちんとこなせるようにしておく必要《ひつよう》があるんだね。

そのときに、「できなくてもいいんだ。」と開《ひら》き直《なお》ってはいけないよ。できないことを注意《ちゅうい》されたら、くやしい思《おも》いはするだろうけれども、それを教《おそ》わって、きちんとできるようにすることが、大人《おとな》になって、逆《ぎゃく》に自分《じぶん》が人《ひと》を教《おし》えるときにも大事《だいじ》になるんだ。

人《ひと》から教《おそ》わったことがない人《ひと》や、しかられたことがない人《ひと》、教《おし》えてもらったことをすなおに聞《き》いて努力《どりょく》したことがない人《ひと》は、自分《じぶん》が人《ひと》を教《おし》えるようになったときに、じょうずに教《おし》えることができないんだ。

よく教《おそ》わる人《ひと》が、よく教《おし》えることができる。人《ひと》から教《おそ》わる気持《きも》ちのない人《ひと》は、やはり教《おし》えることもむずかしいんだ。だから、「いろいろな人《ひと》から教《わそ》わろう。」という気持《きも》ちを持《も》っていなければいけないね。

知識《ちしき》や経験《けいけん》を得《え》るためには、それを得《え》ようという心《こころ》がまえが大事《だいじ》なんだ。「水《みず》は高《たか》きから低《ひく》きに流《なが》れる。」と言《い》う。人《ひと》から何《なに》かを教《おし》えてもらおうと思《おも》ったら、自分《じぶん》を低《ひく》くして受《う》け取《と》らなければだめだ。そうしないで、自分《じぶん》をあまり高《たか》いほうに高《たか》いほうに持《も》っていくと、人《ひと》の意見《いけん》が聞《き》けなくなってしまう。

昔《むかし》から、「耳《みみ》は二つで口《くち》は一つ。だから、しゃべることの二倍《ばい》、聞《き》きなさい。」とよく言《い》われるけれども、その通《とお》りなんだ。よく聞《き》かないと、よくしゃべれない。

しゃべってばかりいる人《ひと》は他《た》の人《ひと》の意見《いけん》が聞《き》けなくなるんだ。だから、まず人《ひと》に学《まな》んでから、しゃべらなければいけないね。

「まずは、よく聞《き》きなさい。人《ひと》の言《い》うことをよく聞《き》いて、次《つぎ》に半《はん》分《ぶん》ぐらいしゃべりなさい。しゃべるほうが先《さき》で、人《ひと》の意見《いけん》を聞《き》かない人《ひと》は、進歩《しんぽ》が止《と》まってしまいますよ。」ということだ。これを知《し》らなければいけないと思《おも》う。

人生《じんせい》には、たえなければいけな

人から教えてもらうときの心がまえのコツを知ろう！

「耳は二つで口は一つ」

コツ 人の言うことをよく聞こう！

今から 2000 年以上前のギリシャの言葉。ゼノンという、哲学《てつがく》の先生が、「もっと人の話をよく聞いて、口をつつしむように。」と、青年たちをいましめた。

耳は二つ
口は一つ

「水は高きから低きに流れる」

コツ えらそうにせず、すなおに聞こう！

今から 2000 年以上前の中国の言葉。思想家の孟子《もうし》が、「水の低きにつくごとし」と言った。良い物事は、水のように高いところから低いところへと流れることをたとえた。

ドンブラコッコ

い時期《じき》というのがある。「自分《じぶん》は今《いま》が最高《さいこう》だ。」と思《おも》って、自分《じぶん》の力《ちから》を出《だ》してしまっている人《ひと》は、わりに早《はや》く進歩《しんぽ》が止《と》まることもあるから、気《き》をつけなければいけない。「韓信《かんしん》のまたくぐり」のように、身分《みぶん》が低《ひく》いうちは、たえなければいけない時期《じき》もあるんだ。

それでも、心《こころ》に決《き》めた志《こころざし》は失《うしな》わず、高《たか》い理想《りそう》を持《も》っていなければいけないし、その実現《じつげん》のために努力《どりょく》や勉強《べんきょう》も必要《ひつよう》だね。

③自分《じぶん》の才能《さいのう》が分《わ》かるまで基礎訓練《きそくんれん》をしよう

また、未来《みらい》は、はっきり決《き》まっていないところがある。未来《みらい》のことはなかなか分《わ》からないし、どんなに努力《どりょく》しても、自分《じぶん》の人生《じんせい》を計画通《けいかくどお》りに、ピシッと生《い》きられるような人《ひと》はいないものだ。

私《わたし》にしても、大学《だいがく》を卒業《そつぎょう》するころまでは、宗教家《しゅうきょうか》になるということは、まったく考《かんが》えたこともなかったし、宗教家《しゅうきょうか》とはちがう方向《ほうこう》で一生《いっしょう》けんめい努力《どりょく》していた。

ただ、宗教家《しゅうきょうか》になったのは運命《うんめい》といえば運命《うんめい》だけど、運命《うんめい》が開《ひら》けるには、実《じつ》は才能《さいのう》がいるんだ。宗教《しゅうきょう》のほうに才能《さいのう》がなければ、宗教家《しゅうきょうか》になるという運命《うんめい》は開《ひら》けないんだね。

才能《さいのう》と運命《うんめい》はつながりがあるのだけれども、自分《じぶん》の才能《さいのう》は、そんなにかんたんには分《わ》からない。自分《じぶん》の才能《さいのう》がどこにあるのか気《き》づくのに

運命とは？

運命っていうのは、人生の方向を左右する大きな流れのようなものよ。運命には、「変えられないもの」と「変えられるもの」があるの。

運命は自分で開ける！

例えば、川の流れのように、生まれた時代や国などは変えることができないわ。でも、船の針路《しんろ》のように、あなたがしょうらい、どんな仕事につくかといったことは、自分で変えていったり、決めていったりすることができるの。だから、自分の才能を見つけ、運命を開くために、努力することが大切なのよ。

★努力していると進む方向が見えてくる

★なまけていると進む方向が分からない

は、けっこう時間《じかん》がかかるものだ。二十代《だい》で自分《じぶん》の才能《さいのう》が分《わ》かるのは早《はや》いほうで、四十代《だい》、五十代《だい》になってから分《わ》かる人《ひと》もたくさんいるんだ。先《さき》のことは、そうかんたんには分《わ》からないものなんだ。

だから、それが分《わ》からないうちは、多《おお》くの人《ひと》が「これが必要《ひつよう》だ。」と言《い》うような基本的《きほんてき》なことを訓練《くんれん》することが大事《だいじ》だ。学習《がくしゅう》の訓練《くんれん》、身《み》のこなし方《かた》の訓練《くんれん》、生《い》き方《かた》の訓練《くんれん》など、やれるところまでやろうという気持《きも》ちを持《も》っていなければ、成《せい》功《こう》することはないんだよ。

3 基礎力《きそりょく》をつけよう

ポイント

しょうらいのために、しっかりと基礎訓練《きそくんれん》をし、人《ひと》からよく教《おそ》わろう。

努力してこそ
しょうらいの夢《ゆめ》に
近づけるのね！
努力が運命を
切り開くのよ！
みんなも
ファイト！

成功《せいこう》する人《ひと》と失敗《しっぱい》する人《ひと》とでは、実《じつ》は大《おお》きなちがいがあるんだ。

4 成功《せいこう》する人《ひと》になろう

① しょうらいのことを考《かんが》えて種《たね》まきをしよう

人生《じんせい》で成功《せいこう》するかどうかということは大《おお》きなことだね。

ただ、多《おお》くの人《ひと》を見《み》ていると、成功《せいこう》するか失敗《しっぱい》するかは二つのタイプにしか分《わ》かれないと思《おも》うんだ。

どんな人《ひと》が成功《せいこう》するかというと、しょうらいの成功《せいこう》のための種《たね》まきをし、その種《たね》を育《そだ》てる努力《どりょく》をする人《ひと》なんだ。

しょうらい、大《おお》きなことや、りっぱなことをなしとげたり、人《ひと》からみとめられたりするためには、それまでの間《あいだ》に努力《どりょく》が必要《ひつよう》だということを知《し》っていて、その種《たね》まきをし、育《そだ》てる努力《どりょく》のできる人《ひと》が成功者《せいこうしゃ》になるんだ。

しょうらいの成功《せいこう》を勝《か》ち取《と》るために、長《なが》い期間《きかん》でものを考《かんが》える人《ひと》が成功者《せいこうしゃ》になっている。多《おお》くの人《ひと》を見《み》ていると、その通《とお》りだよ。

秋《あき》にイネの実《みの》りをかり入《い》れるためには、春《はる》から、ちゃんと田《た》を耕《たがや》し、水《みず》を入《い》れ、なえを植《う》え、雑草《ざっそう》を取《と》りのぞいていく努力《どりょく》をしなければならない。秋《あき》にだけ実《みの》りをかり入《い》れようとしても、そうはいかない。

ところが、失敗《しっぱい》するタイプの人《ひと》は、まず秋《あき》にた

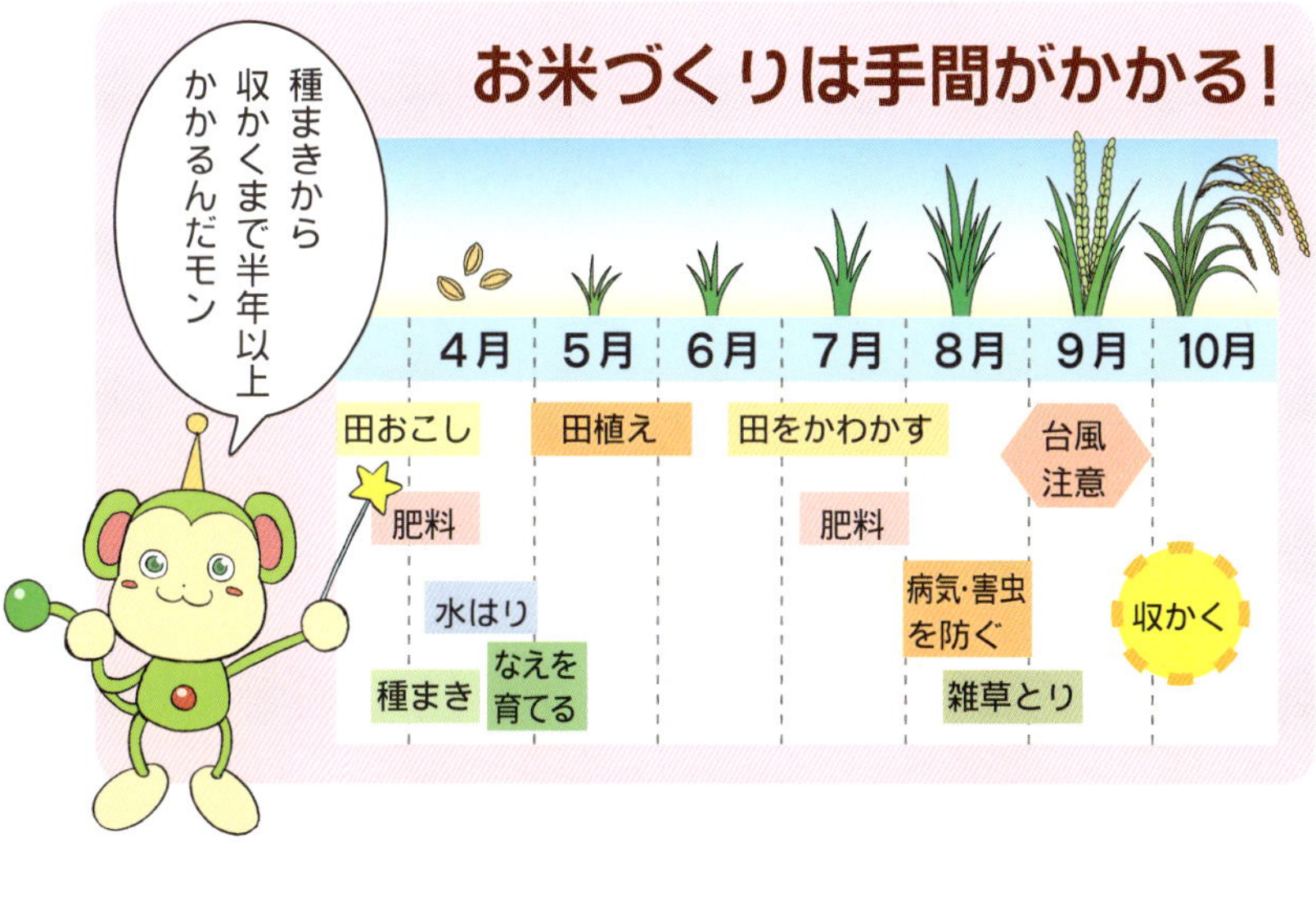
お米づくりは手間がかかる！
種まきから
収かくまで半年以上
かかるんだモン
4月
5月
6月
7月
8月
9月
10月
田おこし
田植え
田をかわかす
台風
注意
肥料
肥料
水はり
病気・害虫
を防ぐ
収かく
種まき
なえを
育てる
雑草とり

わわに実《みの》った黄金《おうごん》のイネをほしがるんだ。それだけをほしがるのだけれど、春《はる》から夏《なつ》にはあまり関心《かんしん》がない。秋《あき》のかり入《い》れのころになったら、「ちょっともらえないか。」という考《かんが》えだ。それではスズメたちとほとんど変《か》わらないね。

　こういうふうに、かり入《い》れのときだけ少《すこ》しもらえないかと思《おも》う人《ひと》は多《おお》いんだ。結果《けっか》が出《で》るまで、成功《せいこう》を手《て》に入《い》れるまで、長《なが》い間《あいだ》、努力《どりょく》したりがまんしたりすることができない。がまんできずに、すぐに「あれがほしい。」と何《なん》でもほしがるんだ。

　欲《よく》に弱《よわ》く、よく考《かんが》えないで動《うご》き、すぐに結果《けっか》

をほしがり、結果《けっか》がすぐ出《で》なければあきらめやすい。これが失敗《しっぱい》する人《ひと》のタイプなんだ。

みんなは笑《わら》うかもしれないけれど、九割《わり》以上《いじょう》の人《ひと》は失敗《しっぱい》するタイプのほうなんだよ。すぐに結果《けっか》が得《え》られなければ、がまんできないんだ。しょうらいのために、ぐっとがまんして努力《どりょく》していくのはむずかしいことなので、たいていは、「今《いま》すぐほしい。今《いま》すぐほしい。」と思《おも》ってしまうんだ。

長《なが》い間《あいだ》、努力《どりょく》するということは、それだけでもりっぱなことで、自分《じぶん》をきたえなければできないね。

30歳《さい》
ステキ！
…の件については…
40歳《さい》
アナタと結婚してよかったわ
仕事もうまくいってるし幸せだな…
ハハハ
結婚しようよ～！
遊んでばかりの人なんてお断りよ！
こんなはずでは…
うぅ…
お金もないし、失敗ばかり…
がまん強く努力を続けると成功しすぐに結果のみをほしがると失敗するのね！

「しょうらい、きちんと職業《しょくぎょう》につき、働《はたら》いてお給料《きゅうりょう》をもらい、それから、けっこんして、家庭《かてい》をつくって、いろいろと世《よ》の中《なか》のお役《やく》に立《た》てるような仕事《しごと》をしたい。」と考《かんが》えることができる人《ひと》は、平凡《へいぼん》（あまりすぐれていない、よくある程度《ていど》のもの）なようで平凡《へいぼん》ではない。それだけでもりっぱなことなんだね。

だから、欲《よく》に流《なが》されて変《へん》なことをしないで、きちんと努力《どりょく》をしていくことが大《だい》事《じ》だよ。

②目先《めさき》のことであせらずに努力《どりょく》していこう

「成功《せいこう》する人《ひと》は、成功《せいこう》のための種《たね》まきをして、長《なが》い間《あいだ》の努力《どりょく》が必要《ひつよう》だと考《かんが》えるタイプの人《ひと》であり、失敗《しっぱい》する人《ひと》は、時間《じかん》を待《ま》てず、すぐに結果《けっか》をほしがるタイプの人《ひと》だ。」という話《はなし》をしてきた。

失敗《しっぱい》する人《ひと》は、たいてい、あせっていて、今《いま》すぐ何《なに》かを手《て》に入《い》れたいと思《おも》って動《うご》いていることが多《おお》い。

例《たと》えば、「今《いま》すぐお金《かね》がほしい。」「今《いま》すぐガールフレンドがほしい。」「今《いま》すぐボーイフレンドがほしい。」というような人《ひと》はいっぱいいる。そのへんで考《かんが》えちがいが起《お》きるんだね。

まず、自分《じぶん》がちゃんと学校《がっこう》を卒業《そつぎょう》し、仕事《しごと》が決《き》まって、未来《みらい》の設計《せっけい》ができないと、本当《ほんとう》に自分《じぶん》にふさわしい相手《あいて》かどうかは決《き》められないんだ。学校《がっこう》も卒業《そつぎょう》していなくて、仕事《しごと》も決《き》まっていないのに、それであせっても、結局《けっきょく》は欲《よく》にふりまわされるだけで、人生《じんせい》のむだづかいになることがよくあるんだね。

また、親《おや》から、「おまえたち子《こ》どもは、まだお金《かね》をかせいでいないんだから、一人前《いちにんまえ》のことは言《い》えないぞ。お金《かね》をかせぐようになってから言《い》え。」とおこられたとする。そうすると、子《こ》どもとしては反発《はんぱつ》するよね。

中学生《ちゅうがくせい》や高校生《こうこうせい》の女《おんな》の子《こ》の中《なか》には、えんじょ交際《こうさい》だ何《なん》だと言《い》って、知《し》らない中《ちゅう》年《ねん》の男《おとこ》の人《ひと》とお付《つ》き合《あ》いをして、お金《かね》をもらったりハンドバッグを買《か》ってもらったりすることを、「自分《じぶん》でかせいだお金《かね》だから、いいじゃないか。」などと親《おや》に言《い》う人《ひと》もいるようだ。しかし、それはまちがいだね。

ちゃんとした仕事《しごと》についてお給料《きゅうりょう》をもらい、そういうものを買《か》うなら、別《べつ》にかまわないし、ちゃんとした立場《たちば》で、まっとうなお付《つ》き合《あ》いをして、そういうものをプレゼントされたのならいいと思《おも》う。

でも、「おまえたちはかせいでないから。」と親《おや》に言《い》われただけで反発《はんぱつ》して、そのはらいせのために、「お金《かね》があればいいんでしょう。」ということで、良《よ》くない行《おこな》いに走《はし》ると、しょうらいの自分《じぶん》の人生《じんせい》を台《だい》なしにしてしまうことがある。それは両親《りょうしん》にも申《もう》しわけないことだね。

自分《じぶん》の人生《じんせい》は多《おお》くの人《ひと》の助《たす》けを受《う》けてできあがっている。そういう多《おお》くの人《ひと》たち全員《ぜんいん》に苦《くる》しみや悲《かな》しみを与《あた》えることになるし、しょうらいの自分自身《じぶんじしん》を不幸《ふこう》に

する種《たね》まきをするような、おろかな行《おこな》いでもあるんだ。

こういうふうに、失敗《しっぱい》する人《ひと》は、あせっていて、「今《いま》すぐ何《なに》かを手《て》に入《い》れたい。」と思《おも》うところがある。しかし、本当《ほんとう》に成功《せいこう》する人《ひと》は、ずっと先《さき》までの長《なが》い期間《きかん》で物事《ものごと》を考《かんが》えることができるんだ。今《いま》は、人《ひと》に頭《あたま》を下《さ》げたり、こしを低《ひく》くしたりして、大変《たいへん》だけれども、しょうらいのために人《ひと》に教《おし》えてもらいながら努力《どりょく》しているものだ。

やはり、目先《めさき》のことではなくて、「人生《じんせい》八十年《ねん》、人生《じんせい》百年《ねん》だ。」と思《おも》って、幸福《こうふく》な人生《じんせい》を生《い》き切《き》れるように、また、自分《じぶん》だけの人生《じんせい》ではなくて、世《よ》のため人《ひと》のためにお役《やく》に立《た》てるような人生《じんせい》を生《い》き切《き》れるように、考《かんが》えなければいけないね。

③勉強《べんきょう》できる学生時代《がくせいじだい》を大切《たいせつ》にしよう

みんなの両親《りょうしん》は平凡《へいぼん》に見《み》えるかもしれない。理想的《りそうてき》に見《み》えないかもしれない。

お父《とう》さんはえらくはないかもしれない。お給料《きゅうりょう》も少《すく》ないかもしれない。お母《かあ》さんは、パートに出《で》かけ、体《からだ》がつかれて、家《いえ》ではグチばかり言《い》っているかもしれない。お母《かあ》さんとお父《とう》さんは、いつも夫婦《ふうふ》げんかばかりしているかもしれない。いろいろなことがあるとは思《おも》う。

でも、「大人《おとな》というのは、やはりえらいものだ。」と思《おも》わなければいけないよ。社会《しゃかい》に責任《せきにん》を持《も》ち、会社《かいしゃ》に対《たい》して責任《せきにん》を持《も》ち、そして、毎月毎月《まいつきまいつき》、お給料《きゅうりょう》をもらって、家庭《かてい》を営《いとな》むということは、なかなか大変《たいへん》なことなんだ。

家庭《かてい》を持《も》つということは、二十年《ねん》、三十年《ねん》の間《あいだ》、家族《かぞく》に対《たい》する責任《せきにん》がずっとあるということだから、その場《ば》しのぎで生《い》きたいと思《おも》っている人《ひと》には、とてもせおえるような荷物《にもつ》ではないんだ。

けれども、仏様《ほとけさま》や神様《かみさま》からは、大人《おとな》の人間《にんげん》に求《もと》められる基本《きほん》の力《ちから》として、家庭《かてい》を少《すく》なくとも何十年《なんじゅうねん》かは持《も》ちつづけるぐらいの、重荷《おもに》にたえることのできる力《ちから》が

大人の持つ責任
社会
家庭
会社
学生時代を大切にしよう
私たちが支えるからしっかり勉強してね

求《もと》められている。家庭《かてい》を何十年《なんじゅうねん》か持《も》ちつづけることができるほどの根気《こんき》や努力《どりょく》があり、社会《しゃかい》に対《たい》して役《やく》に立《た》つ働《はたら》きをしなければいけないということだ。ふつうは、このくらいの努力《どりょく》が求《もと》められているんだね。

しょうらい、それだけの仕事《しごと》をしていくために、二十歳《はたち》になるまでの間《あいだ》、努力《どりょく》をする期間《きかん》が人生《じんせい》にはあるんだ。

それまでは、ほとんど何《なに》も生《う》み出《だ》していないし、お役《やく》に立《た》っていないよね。人《ひと》のお世話《せわ》になり、人《ひと》のお金《かね》を使《つか》って勉強《べんきょう》や運動《うんどう》をしているだけだよね。

「今《いま》、自分《じぶん》はひどい目《め》にあっている。」と思《おも》っている人《ひと》は多《おお》いかもしれない。「いつも親《おや》から勉強《べんきょう》しなさいと言《い》われるし、学校《がっこう》でもしぼられるし、塾《じゅく》では成績《せいせき》で順《じゅん》位《い》をつけられたり、クラスがえされたりして、きつい思《おも》いをしている。もっと遊《あそ》びたいのに、自分《じぶん》はこんなにいじめられている。大変《たいへん》だ。」という気《き》持《も》ちでいっぱいかもしれない。

けれども、つらいと思《おも》っていることも、やがて去《さ》っていくことなんだ。勉強《べんきょう》だけしていればよかった時代《じだい》がどれほど幸福《こうふく》だったか、大人《おとな》になったら分《わ》かるよ。働《はたら》く必要《ひつよう》がなく、勉強《べんきょう》だけしていればいいというのは、すごく幸福《こうふく》なことなんだ。毎日毎日《まいにちまいにち》クラブ活動《かつどう》をしていても、だれもおこりはしないね。

でも、社会人《しゃかいじん》になったら、毎日毎日《まいにちまいにち》、柔道《じゅうどう》をしたり、空手《からて》をしたり、野球《やきゅう》をしたりはできないんだ。プロの選手《せんしゅ》など、運動《うんどう》を仕事《しごと》にしている人《ひと》はともかく、ふつうの仕事《しごと》をしている人《ひと》は、そんなに、毎日毎日《まいにちまいにち》、運動《うんどう》ばかりはできない。

「勉強《べんきょう》だけしていれば、親《おや》におこられない時期《じき》がある。」ということが、どれほど幸福《こうふく》なことか、まだ今《いま》は分《わ》からないんだ。

勉強《べんきょう》は、しょうらい職業《しょくぎょう》につくときの基礎《きそ》にはなるけれども、勉強《べんきょう》することそのものがお金《かね》を生《う》むわけではないよね。でも、親《おや》はそれをさせてくれているんだ。ありがたい話《はなし》だね。

大《おお》きくなってみると、勉強《べんきょう》ができることのありがたみがじわじわと分《わ》かってくると思《おも》うけれど、子《こ》どものときは、なかなか、そうは思《おも》わないものだ。

社会人《しゃかいじん》になると、勉強《べんきょう》したくても思《おも》うように行《い》かないんだ。毎日《まいにち》、仕事《しごと》でいそがしいから、仕事《しごと》の合間《あいま》に勉強《べんきょう》しようと思《おも》っても、くたびれてしまっていて、なかなかできない。そのつかれは大変《たいへん》なものだ。一日《にち》八時間《じかん》、十二時間《じかん》と働《はたら》いて、土日《どにち》もつかれがたまってくる。その合間《あいま》に勉強《べんきょう》することは、とても大変《たいへん》なことだ。

君《きみ》も、やがて、学校《がっこう》を卒業《そつぎょう》してから勉強《べんきょう》を続《つづ》けることが、どんなに大変《たいへん》なことかが分《わ》かるよ。

④先生《せんせい》のありがたさを知《し》ろう

学校《がっこう》の時代《じだい》には、勉強《べんきょう》だけしていれば、何《なに》ももんくを言《い》われなかった。そんなありがたい時期《じき》に勉強《べんきょう》をしなかった人《ひと》は、その後《ご》、苦《くる》しむことになっても、しかたがないよね。

学校《がっこう》では、運動《うんどう》もしっかりできた。また、同級生《どうきゅうせい》たちがいた。はげましてくれる友《とも》だちがいた。ありがたいね。

そして、先生《せんせい》がいて、いつも注意《ちゅうい》をしてくれた。先生《せんせい》におこられると、はらが立《た》ち、学校《がっこう》に行《い》きたくなくなって、不登校《ふとうこう》になる子《こ》もいるけれど、おこってくれる人《ひと》がいるということは、本当《ほんとう》にありがたいことなんだ。

おこってくれる人《ひと》がいるうちが花《はな》だよ。大《おお》きくなると、だんだん、自分《じぶん》のこと

先生のありがたさ

パパはなぜ技術者になったの？
知りたいモン！
それはね、ある先生のおかげなんだ
子どものころ体が弱くてよくいじめられてね「どうせボクなんか！」っていじけてたら、担任の先生に「いいかげんにしなさい！キミはダメな子じゃない。こんなすごい工作ができるだろ！自信を持たないとダメだ！」ってしかられたんだよ
きびしい先生だったけどあの一言があったから今のパパがいると思うよ先生に感謝《かんしゃ》してるんだ
感謝だモン
モンちゃんを発明できたのもその先生のおかげね
フフッ

をおこってくれる人《ひと》がいなくなるからだ。

世《よ》の中《なか》に出《で》ると、人様《ひとさま》をおこったりする人《ひと》はいなくなってくる。人《ひと》をおこったりすると、あとでろくなことにならないことも多《おお》くて、損《そん》をするからだ。人《ひと》に注《ちゅう》意《い》をしても、相手《あいて》が悪《わる》い人《ひと》だったら、逆《ぎゃく》に暴力《ぼうりょく》をふるわれることもある。中《なか》には、

かっとなって、ナイフでさすような人《ひと》もいるよね。そのため、世《よ》の中《なか》の人《ひと》は、「あの人《ひと》はおかしい。」と思《おも》っても、なかなか言《い》ってくれないものなんだ。

それから、自分《じぶん》の仕事《しごと》がきちんとできていなくても、なかなか言《い》ってくれるものではない。仕事《しごと》ができない人《ひと》は、そのまま落《お》ちこぼれていくだけだ。

先生《せんせい》は、子《こ》どもたちに、「自分《じぶん》よりもえらくなってほしい。」と望《のぞ》んでいるんだ。こんな職業《しょくぎょう》はめずらしいよ。子《こ》どもたちに、「がんばって自分《じぶん》たちよりえらくなってほしい。」と思《おも》っている仕事《しごと》があるわけだ。ありがたいね。人様《ひとさま》の子《こ》どもをおこるというのは大変《たいへん》なことで、なかなかできることではない。

だから、先生《せんせい》というのはありがたいものだと思《おも》わなければいけないよ。本当《ほんとう》に菩薩行《ぼさつぎょう》（人《ひと》の幸《しあわ》せのためにつくすこと）をしてくれていると思《おも》わなければいけないね。

4 成功《せいこう》する人《ひと》になろう

ポイント

先《せん》生《せい》に感《かん》謝《しゃ》しながら、あせらず勉《べん》強《きょう》を続《つづ》けよう。

いろんな人に助けられて私たちは大人になるんだね！
与えられた愛をお返しできるようになりたいな！
ありがたいね！

周《まわ》りの人《ひと》からどう思《おも》われているかを
考《かんが》えて行動《こうどう》しているかな？

5 相手《あいて》の立場《たちば》に立《た》って考《かんが》えよう

①相手《あいて》はどんなふうに感《かん》じるかを考《かんが》えてみよう

学校《がっこう》では、友《とも》だちとけんかしたり、いろいろあるけれども、実社会《じっしゃかい》に出《で》てからの練習《れんしゅう》を今《いま》しているんだね。学校《がっこう》は、実際《じっさい》の社会《しゃかい》で起《お》きることを小《ちい》さくちぢめたような世界《せかい》なんだ。

学校生活《がっこうせいかつ》の中《なか》で、先生《せんせい》にめいわくをかけても平気《へいき》な子《こ》や、友《とも》だちと悪《わる》いことばかり考《かんが》えているような子《こ》もいると思《おも》うけれど、世《よ》の中《なか》に出《で》て生《い》きていくためには、人《ひと》のお役《やく》に立《た》たなければいけないことがたくさんあるんだ。「人《ひと》にめいわくをかけて生《い》きていくことはできない。」ということを知《し》らなければいけないね。世《よ》の中《なか》に出《で》たら、生《い》きていくために、人《ひと》のお役《やく》に立《た》たなければいけないことがたくさんあるし、人《ひと》にめいわくをかけて生《い》きていくことはできない。

そのために大事《だいじ》なことは、「相手《あいて》の立場《たちば》に立《た》つ。」ということだ。自分《じぶん》だけの考《かんが》えや、「自分《じぶん》はこれがしたい。」という気持《きも》ちだけで物事《ものごと》を決《き》めたり、反発《はんぱつ》したり、自分《じぶん》の考《かんが》えばかり言《い》ったりするのではなくて、少《すこ》し相手《あいて》の立場《たちば》に立《た》って考《かんが》えてみなさいということだ。

相手《あいて》の立場《たちば》に立《た》ったら、どう思《おも》うかな。

例《たと》えば、先生《せんせい》の立場《たちば》だったら、どう思《おも》うだろう。先生《せんせい》にめいわくばかりかけている子《こ》が、「うちのクラスは学級《がっきゅう》ほうかいしています。」と言《い》うかもしれないけれども、「じゃあ、自分《じぶん》が先生《せんせい》だったら、どうですか？　君《きみ》のような生徒《せいと》でいいですか？　君《きみ》のような生徒《せいと》がいっぱい増《ふ》えていっても、授業《じゅぎょう》がちゃんとできますか？　考《かんが》えてごらんなさい。」ということだね。

もし自分《じぶん》が先生《せんせい》だったらこまるようなことは、先生《せんせい》もこまるんだ。だから、そういうことはしないように努力《どりょく》しなければいけないね。

先生《せんせい》が授業《じゅぎょう》をしやすいようにしなければいけないし、友《とも》だち同士《どうし》で悪《わる》さをする相談《そうだん》ばかりしたり、人《ひと》にめいわくをかけたりしないようにしなければいけないんだ。

君《きみ》がこまったことをしているとお父《とう》さんが聞《き》いたら、お父《とう》さんはどう思《おも》うかな。

お父《とう》さんが「子《こ》どものために。」と思《おも》って、

授業中の自分をチェックしよう！

- 近くの子とおしゃべりしてない？
  →先生の声が聞こえなくなるゾ！
- 教科書に落書きしてない？
  →教科書は大切にしよう！
- 勝手に立ち歩きをしてない？
  →他の人の気が散ってしまうよ！
- ゲームをしてない？
  →授業に関係ないことはしない！
- こっそりおやつを食べてない？
  →けじめをつけようナ！

学校は学ぶ場所だ。相手の立場を考えて行動しよう！

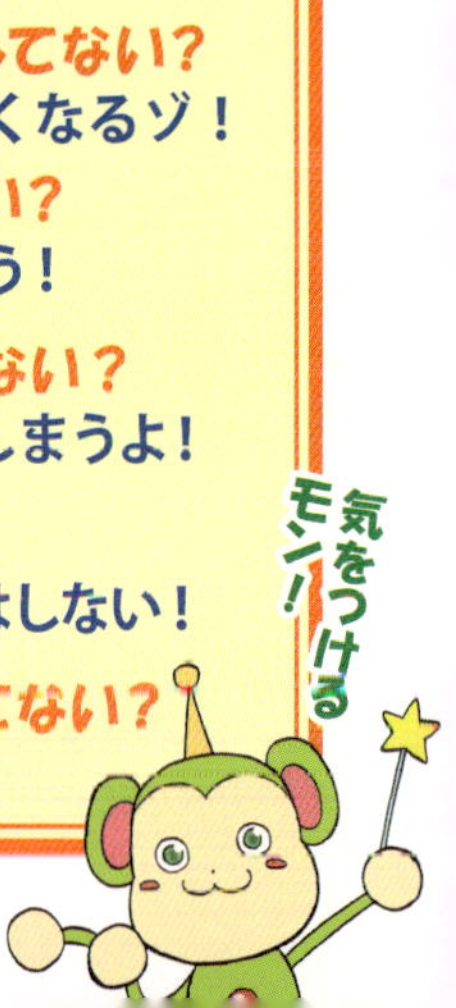
気をつけるモン！

仕事《しごと》でどんなに大変《たいへん》な思《おも》いをしているか分《わ》からないだろう。それなのに、「きょうも子《こ》どもが学校《がっこう》で立《た》たされていた。」とか、そんな話《はなし》を聞《き》くと、お父《とう》さんはカクッときてしまうよね。「なーんだ。『子《こ》どものために。』と思《おも》って一生《いっしょう》けんめい働《はたら》いているのに、またガラスをわって立《た》たされたのか。」と思《おも》うと、がっかりしてしまう。

父親参観《ちちおやさんかん》に行《い》ったら、その日《ひ》に限《かぎ》って子《こ》どもが先生《せんせい》におこられたりする。お父《とう》さんが必死《ひっし》の思《おも》いで努力《どりょく》して、「子《こ》どものためにも、会社《かいしゃ》をやめる年《とし》まで何《なん》とか会社《かいしゃ》にしがみついて、少《すこ》しでもえらくなろう。」と思《おも》ってがんばっているのに、子《こ》どものできがあまり悪《わる》いと、お父《とう》さんもカクッときてしまって、仕事《しごと》に力《ちから》が入《はい》らなくなる。

仕事《しごと》に力《ちから》が入《はい》らなくなると、会社《かいしゃ》の人《ひと》から、「あの人《ひと》は最近《さいきん》やる気《き》がないな。」と思《おも》われて、もっと小《ちい》さい会社《かいしゃ》に回《まわ》されたりする。そうすると、お給料《きゅうりょう》が少《すく》なくなってくる。お父《とう》さんのお給料《きゅうりょう》が減《へ》ってくると、家庭《かてい》があれてくる。家庭《かてい》があれてくると、子《こ》どももあれてくる。

このように、悪《わる》いことはぐるぐる回《まわ》っていくものなんだね。

でも、君《きみ》たちだって、家庭《かてい》ユートピアのために役《やく》に立《た》つことはできるんだ。お父《とう》さんやお母《かあ》さんが喜《よろこ》ぶようなことはできるはずだし、学校《がっこう》の先生《せんせい》が喜《よろこ》ぶようなこともできるはずだし、学校《がっこう》の友《とも》だちが学校生活《がっこうせいかつ》を大事《だいじ》にすごせるように努力《どりょく》することもできるはずだよ。

すべての基本《きほん》は、自分中心《じぶんちゅうしん》の考《かんが》えを持《も》つのではなく、一歩《ぽ》ゆずって、「相手《あいて》の立場《たちば》に立《た》ったら、どんなふうに感《かん》じるのかな。」と考《かんが》えることなんだ。

②人《ひと》のなやみを考《かんが》えよう

世《よ》の中《なか》に出《で》て、人《ひと》にめいわくをかけずに、人《ひと》のお役《やく》に立《た》つような生《い》き方《かた》をするために大事《だいじ》なことは、「相手《あいて》の立場《たちば》に立《た》つ。」ということだ。相手《あいて》の立場《たちば》に立《た》って考《かんが》えるようにすると、争《あらそ》いごとは減《へ》ってくる。

「ああしたい。こうしたい。」と、自分《じぶん》が思《おも》ったまま本能的《ほんのうてき》に動《うご》くことがあるかもしれない。でも、そういうのは動物《どうぶつ》と同《おな》じだということを知《し》ってほしい。

動物《どうぶつ》たちは本能《ほんのう》（生《い》き物《もの》が生《い》きぬくために、生《う》まれつき持《も》っている力《ちから》や性質《せいしつ》）で動《うご》くけれども、人間《にんげん》は、それだけでは十分《じゅうぶん》ではない。人《ひと》の気持《きも》ちになって考《かんが》えることが大事《だいじ》なんだ。

君《きみ》たちの学校《がっこう》にも、あれているような子《こ》がいるかもしれない。そういう子《こ》も、ただの悪人《あくにん》として生《う》まれたわけではないんだ。今《いま》あれているのは、家庭《かてい》に何《なに》か事情《じじょう》があるのかもしれないし、本人《ほんにん》になやみがあるのかもしれないんだ。そういう目《め》も少《すこ》し持《も》って、人《ひと》を見《み》たほうがいいね。

また、まちがったことをしている人《ひと》をコテンパンにやっつければ、それですむかといえば、そんなものではないんだ。自分《じぶん》だって、コテンパンにやっつけられたらいやだよね。

まちがったことをしたり言《い》ったりしている人《ひと》には、まちがっているところをきっちりと正《ただ》してあげる必要《ひつよう》はあるけれど、その人《ひと》が心《こころ》を改《あらた》めて、いい子《こ》になれるような道《みち》は、残《のこ》しておいてあげなければいけないね。先生《せんせい》に告《つ》げ口《ぐち》だけして、それで終《お》わりというようなものではないんだ。

「どうして、あの子《こ》はそういうことをするのかな。」と考《かんが》えて、相手《あいて》に少《すこ》しでも理由《りゆう》があることを分《わ》かってあげるといいね。

暴力《ぼうりょく》をふるうような人《ひと》にも、なやみがあるのはまちがいないのだから、どんななやみがあるのかを考《かんが》えてあげることだ。

どんなにヤクザみたいな人《ひと》でも、やはり、やさしい心《こころ》はある。何《なに》か暴力《ぼうりょく》をふるう理由《りゆう》があるということを、少《すこ》しでも分《わ》かってあげると、すぐにニコニコしてやさし

相手の気持ちを考えよう

チョロ! ふざけるな このォ〜!
いたたっ! やめてよー!
どうしよう…
タクって らんぼう だよね!
ホント ホント!
タク〜 なやみでもあるの? よかったら話してよ
じ、じつは ボクの家、 今たいへんで…
チョロが 「タクはいつも お気楽だよね」 なんて言うからつい…

い人《ひと》になることもある。人間《にんげん》は、みんな、そういうところがあるんだ。自分《じぶん》では悪《わる》いことをしていると分《わ》かっていても、なかなか止《と》まらないものなんだね。

そういう人《ひと》たちを良《よ》い方向《ほうこう》に導《みちび》いていけるように努力《どりょく》しなければいけない。感情丸出《じょうまるだ》しでおこるのではなくて、そういう人《ひと》が心《こころ》を改《あらた》めて立《た》ち直《なお》る道《みち》、そういうにげ道《みち》を、ちゃんと開《あ》けてあげるだけのよゆうは必要《ひつよう》だと思《おも》うよ。

③先生《せんせい》を支《ささ》えてクラスをまとめていこう

今《いま》、学校《がっこう》がうまくいかないことの理由《りゆう》が一つある。

それは、昔《むかし》の学校《がっこう》では、成績優秀《せいせきゆうしゅう》な子《こ》たちが先生《せんせい》を助《たす》けて、会社《かいしゃ》で言《い》えば部長《ぶちょう》さんや課長《かちょう》さんみたいな仕事《しごと》をして、クラスをまとめていたのに、今《いま》の学校《がっこう》では、それがなくなっていることなんだ。

今《いま》の、成績《せいせき》のいい子《こ》たちは、塾《じゅく》でむずかしいことを教《おそ》わるものだから、「学校《がっこう》の勉強《べんきょう》はやさしすぎてくだらない。」と、ばかにしているところがある。

塾《じゅく》で、むずかしいことを勉強《べんきょう》してどんどん先《さき》に進《すす》んでいる、成績《せいせき》のいい子《こ》には、学校《がっこう》の授業《じゅぎょう》がくだらなくてしかたがなく思《おも》える。それで、おもしろくないものだから、自分《じぶん》から進《すす》んで教室《きょうしつ》の後《うし》ろでキャッチボールをしたりして、授業《じゅぎょう》のじゃまをすることがあるだろう。これはよくないことだ。

塾《じゅく》に行《い》っている子《こ》は、学校《がっこう》の授業《じゅぎょう》はレベルが低《ひく》いと思《おも》うかもしれないけれども、それが合《あ》っている子《こ》もいるんだ。その授業《じゅぎょう》が自分《じぶん》のためになっている子《こ》もいるのだから、そういう子《こ》たちの勉強《べんきょう》のじゃまをしないようにしなければいけない。

塾《じゅく》でむずかしいことを勉強《べんきょう》しているのかもしれないけれども、それは自分《じぶん》のむねにしまっておけばいいことだね。「自分《じぶん》は塾《じゅく》でむずかしいことを勉強《べんきょう》している。」ということを、みんなに知《し》らせるために、学校《がっこう》でわざと授業《じゅぎょう》を聞《き》かないようにしてみたり、授業《じゅぎょう》のじゃまをしたり、遊《あそ》んでみせたりする必要《ひつよう》はないんだ。それは、いいことではない。

昔《むかし》は、優秀《ゆうしゅう》な子《こ》たちが先生《せんせい》をちゃんと支《ささ》えてクラスをまとめていたのに、今《いま》は、そういう子《こ》が学校《がっこう》で遊《あそ》びはじめたために、クラスがまとまらなくなってしまっているんだ。

先生《せんせい》がたも、授業《じゅぎょう》のレベルを成績《せいせき》の良《よ》くない子《こ》に合《あ》わせると、成績《せいせき》の良《よ》い子《こ》が遊《あそ》ぶし、成績《せいせき》の良《よ》い子《こ》に合《あ》わせると、ほかの子《こ》がついていけなくなるので、とてもこまっている。先生《せんせい》がそういうこまった立場《たちば》にあるということは、よく知《し》っていなければいけないね。

塾《じゅく》に行《い》っている子《こ》には、学校《がっこう》の授業《じゅぎょう》がおもしろくないのもよく分《わ》かるけれども、学校《がっこう》は遊《あそ》びの場《ば》ではないし、社会訓練《しゃかいくんれん》（きちんとした大人《おとな》として生《い》きていけるように、前《まえ》もって練習《れんしゅう》しておくこと）の場《ば》でもあるということを、よくわきまえないといけない。

本当《ほんとう》は、知能《ちのう》の高《たか》い子《こ》なら、ほかのおくれている子《こ》たちに合《あ》わせることができるんだ。知能《ちのう》が高《たか》くてかしこい人《ひと》は、まわりの人《ひと》にちゃんと合《あ》わせる力《ちから》がある。そういう能力《のうりょく》を持《も》っているのに、しようとしないのは、人《ひと》の気持《きも》ちが分《わ》からないからだと言《い》うしかないね。

5 相手《あいて》の立場《たちば》に立《た》って考《かんが》えよう

ポイント

「相手《あいて》の立場《たちば》に立《た》ったら、どんなふうに感《かん》じるかな。」と考《かんが》えること。

塾《じゅく》は、とても競争《きょうそう》がはげしい弱肉強食《じゃくにくきょうしょく》（弱《よわ》い者《もの》が強《つよ》い者《もの》にほろぼされること）の世界《せかい》だ。大人《おとな》の実社会《じっしゃかい》と同《おな》じくらいきびしいところがあり、悪《あく》の芽《め》が少《すこ》し入《はい》るところもある。他《た》の子《こ》を敵《てき》やライバルと見《み》て、け落《お》とすようなところが少《すこ》しあるので、その悪《わる》い面《めん》はあまり出《だ》さないようにしなければいけない。

成功《せいこう》する人《ひと》になるために、どんなことを心《こころ》がけたら良《よ》いだろう？

6 しょうらいのために時間《じかん》をたえて努力《どりょく》しよう

この章《しょう》では、「子《こ》どもにとっての心《こころ》の修行《しゅぎょう》」というテーマで、いくつかのお話《はなし》をしてきたね。

「韓信《かんしん》のまたくぐり」といっしょで、しょうらい、大《おお》きなことをなしとげようと思《おも》うなら、今《いま》は自分《じぶん》のわがままを少《すこ》しおさえて努力《どりょく》しなければいけない。しょうらいのある人《ひと》は一生《いっしょう》けんめい努力《どりょく》していかなければいけないんだ。

そして、成功《せいこう》する人《ひと》とは、成功《せいこう》するまでの間《あいだ》、時間《じかん》をたえて努力《どりょく》できるタイプの人《ひと》だ。今《いま》すぐに自分《じぶん》のわがままが通《とお》らなければ気《き》がすまないタイプの人《ひと》は、自分《じぶん》から進《すす》んで失敗《しっぱい》を願《ねが》っている人《ひと》だと言《い》われてもしかたがないんだ。

学校《がっこう》や家庭《かてい》で自分《じぶん》がユートピアづくりのために何《なに》か役《やく》に立《た》つことはできないかを考《かんが》えよう。その出発点《しゅっぱつてん》は、相手《あいて》の立場《たちば》に立《た》って考《かんが》えるということだ。そして、自分自身《じぶんじしん》はしょうらいのある身《み》だと思《おも》って、プライドをおさえ、人《ひと》の言《い》うことをよく聞《き》く努力《どりょく》が必要《ひつよう》なんだ。

いろいろなお話《はなし》をしてきたけれども、みんなは、まだまだ、みじゅくだということを十分《じゅうぶん》に知《し》っておいてほしい。どんな人《ひと》でも、子《こ》どものときはみじゅくだ。大人《おとな》になるまでは、まだ一人前《いちにんまえ》の口《くち》はきけないものだと思《おも》わなければいけないね。

だから、感情丸出《かんじょうまるだ》しで悪《わる》い言葉《ことば》をしゃべるのではなく、言葉《ことば》を正《ただ》していくことだ。悪《わる》い言葉《ことば》は悪《わる》い心《こころ》から出《で》てくる。逆《ぎゃく》に、悪《わる》い心《こころ》をなくそうと思《おも》って言葉《ことば》を正《ただ》していけば、心《こころ》のほうもおだやかになっていくんだ。

ふるまい方《かた》やしゃべり方《かた》について、よくよく自分《じぶん》を反省《はんせい》して、いい子《こ》になろうと努力《どりょく》することは、社会全体《しゃかいぜんたい》にとっても、よいことだと思《おも》う。

さあ、君《きみ》たちも、これまでお話《はな》ししてきたことをよく心《こころ》がけて、しょうらい大《おお》きなことができる人《ひと》になるために、あせることなく、今《いま》のうちから、じっくりと力《ちから》をつけていこう。

6 しょうらいのために時間《じかん》をたえて努力《どりょく》しよう

ポイント

わがままをおさえ、人《ひと》の言《い》うことをよく聞《き》く努力《どりょく》をしていこう。

夢《ゆめ》に向かって努力するわ！
天文学者になるために、しっかりがんばるぞ！
じっくりコツコツだモン！

やってみよう！ チャレンジワーク！

下の①～⑩のうち、第２章の内容に合っているものに○、合っていないものに×をつけよう。

① しょうらいの志を立てて努力することが大切。 □

② 知らないことを人に聞くとはじをかくので、やめたほうがよい。 □

③ 人から教わるためには、こしを低くして頭を下げること。 □

④ 勉強でよく分からないところがあっても、とにかく先へ先へと進めるべきだ。 □

⑤ 自分がしゃべることの二倍、人の話を聞く。 □

⑥ 運命によって自分の未来はすべて決められている。 □

⑦ ほしいものは今すぐ手に入れる努力をする。 □

⑧ 自分中心の考えを持つのではなく、相手の立場に立って考える。 □

⑨ ライバルに勝つために、相手を早めにけ落とすこと。 □

⑩ 言葉を正していけば、心もおだやかになっていく。 □

みんなもよく考えてみてね！
もう一度復習復習！

答え ①○ ②× ③○ ④× ⑤○ ⑥× ⑦× ⑧○ ⑨× ⑩○

第《だい》3章《しょう》　勉《べん》強《きょう》の王《おう》道《どう》

リョウは得意科目とかある？

算数と理科と体育！　おもしろいから。でも社会はちょっと。暗記科目は苦手だな。

エッ、ホントに!?　算数がおもしろいなんて、信じられない！

ホントにって何だよ！　そういうアヤはどうなんだよ。

ワタシ、国語と音楽。社会もコツコツできるから好き！

だれにでも得意不得意はあるね。でも、勉強のコツを学べば、苦手科目もできるようになるよ。

勉強のコツ、教えてください！

「学《まな》ぶ」とはどういうことかな？
まず勉強《べんきょう》の意味《いみ》から考《かんが》えてみよう。

1 学《まな》ぶことはまねること

① まずお手本《てほん》通《どお》りにまねてみよう

この章《しょう》では、勉強《べんきょう》についてのお話《はなし》をしていこう。

まず、みんなは、「学《まな》ぶ」ということを、どう考《かんが》えているだろう。教科書《きょうかしょ》を読《よ》むことかな。漢字《かんじ》を書《か》くことかな。それとも計算《けいさん》をすることかな。野山《のやま》で、植物《しょくぶつ》や動物《どうぶつ》、鉱物《こうぶつ》をさがすことかな。社会科《しゃかいか》で、地図《ちず》を覚《おぼ》えたり、統計《とうけい》のグラフを読《よ》んだりすることかな。

もちろん、そういうことも「学習《がくしゅう》」のはんいには入《はい》っているだろう。でも、ここでは、もっと勉強《べんきょう》そのものの意味《いみ》から考《かんが》えてみよう。

「学《まな》ぶ」という言葉《ことば》は、「学《まね》ぶ」とも読《よ》み、もともとは「まねる」という言葉《ことば》と同《おな》じところから生《う》まれたんだ。例《たと》えば、ヒナ鳥《どり》が親鳥《おやどり》のまねをして、空《そら》を飛《と》ぼうとしたり、子《こ》ネコが親《おや》ネコのまねをして、ネズミを取《と》ろうとしたりすることが、「まねる」ことであり、これが「学《まな》ぶ」ことの始《はじ》まりなんだ。

つまり、子《こ》どもにとっては、大人《おとな》のまねをすることが「学《まな》ぶ」ことの始《はじ》まりなんだね。君《きみ》にとって大人《おとな》とは両親《りょうしん》や学校《がっこう》の先生《せんせい》だね。子《こ》どもが小《ちい》さいうちは親《おや》が教《おし》え、ある程度《ていど》、大《おお》きくなったら、学校《がっこう》に預《あず》けて、勉強《べんきょう》のせんもん家《か》の先生《せんせい》にお願《ねが》いするわけだ。

そこで、ようち園児《えんじ》や小学生《しょうがくせい》は、先生《せんせい》の言《い》う通《とお》りにまねをすることが学《まな》び始《はじ》めになるんだ。分《わ》かるかな。

だから、「自分《じぶん》はこうしたい。」と勝手《かって》なことを始《はじ》める子《こ》がいると、先生《せんせい》は注意《ちゅうい》

アヤって習字うまいよね
お手本をよく見るのがコツだよ
美しい字の書き方
①お手本をよく見る
五年
幸福
アヤ
力強く入る
しっかり止める
横線の長さに注意
あきに注意
はらう
止める
②バランスを考える
大きさをそろえる
あきをとる
③しせいを正しく
せすじをのばす
筆を立てる
左手をそえる

したり、しかったりするんだ。

それは決《けっ》して意地悪《いじわる》をしているんじゃないよ。「学《まな》ぶ」ということが、まず「まねる」ことに始《はじ》まるということを教《おし》えているんだね。

だから、先生《せんせい》が読《よ》んだように読《よ》み、書《か》いたように書《か》き、説明《せつめい》した通《とお》りに理解《りかい》するところから、学《まな》ぶことは始《はじ》まるんだ。まずは、お手本通《てほんどお》りにまねをすること、これが学習《がくしゅう》の基本《きほん》なんだ。

お習字《しゅうじ》でもそうだね。お手本《てほん》の字《じ》の大《おお》きさ、太《ふと》さ、長《なが》さ、はね方《かた》を、まず、そっくりまねるところから練習《れんしゅう》が始《はじ》まるんだね。

②他《た》の人《ひと》の勉強《べんきょう》の成果《せいか》をしっかり理解《りかい》しよう

これは、大《おお》きくなってからも同《おな》じなんだ。

例《たと》えば、しょうらい、君《きみ》が学者《がくしゃ》や思想家《しそうか》になるとしよう。思想家《しそうか》というのは、深《ふか》く物事《ものごと》を考《かんが》えて意見《いけん》を発表《はっぴょう》したりする人《ひと》のことだね。自分《じぶん》がそういう世界《せかい》でえらくなって有名《ゆうめい》になるまでには、自分《じぶん》の先生《せんせい》の教《おし》えや、自分《じぶん》より先《さき》に勉強《べんきょう》して本《ほん》を書《か》いている人《ひと》の考《かんが》えを、まず、その通《とお》り、じっくり勉強《べんきょう》するんだ。まねることから始《はじ》めるんだね。

「自分《じぶん》は世界一《せかいいち》の発明《はつめい》や発見《はっけん》をした。」と言《い》って発表《はっぴょう》しても、もっと早《はや》く、他《た》の人《ひと》がそれを発明《はつめい》、発見《はっけん》していたら、はじをかいて笑《わら》われるし、「不勉強《ふべんきょう》だね。」と言《い》われてしまう。だから、他《た》の人《ひと》の勉強《べんきょう》した成果《せいか》を、まずしっかり理解《りかい》して、それから自分《じぶん》なりの考《かんが》えを発表《はっぴょう》しなくてはならないんだよ。

これが学問《がくもん》や思想《しそう》の世界《せかい》での決《き》まりなんだ。

あの発明王《はつめいおう》エジソンが天才《てんさい》であることは、だれもがみとめるけれども、そのエジソンに対《たい》しても、「失敗《しっぱい》の数《かず》があまりにも多《おお》すぎるのは問題《もんだい》だ。」と言《い》う人《ひと》もいるんだ。

小学校《しょうがっこう》を早《はや》くにやめてしまったエジソンは、学問《がくもん》として勉強《べんきょう》する習慣《しゅうかん》がなかったので、きちんとすじ道《みち》を立《た》てて

考《かんが》えていくようなやり方《かた》ができなかった。そのため、分《わ》かりきった失敗《しっぱい》を数百《すうひゃく》も数千《すうせん》もしたんだ。

エジソンには根性《こんじょう》もある。アイデアもあるね。でも、たくさん失敗《しっぱい》してしまったのは、「学《まな》ぶということは、他《た》の人《ひと》をまねることにある。」と知《し》らなかったということだね。これは教訓《きょうくん》だ。みんなも気《き》をつけよう。

1 学《まな》ぶことはまねること

ポイント

学《まな》ぶことは
まねることから
始《はじ》まるんだ。

あれがオリオン座で、そのとなりに…
たくさん知ってるねスゴ～イ！
学ぶことから始まるモン

びっくり!

エジソンの発明

エジソンは一生のうちで
1093もの発明をしたんだ
モン！ 有名な発明を
見てみるッチ！

トーマス・エジソン
（1847-1931 アメリカ）

1877年

蓄音機《ちくおんき》 円筒《えんとう》にみぞをきざんで、音を記録したり、再生したりできるようにした。

1879年

白熱電球 電球のしんに竹を使い、長く使えるようにした。

映画を楽しめるのも
エジソンの
おかげなのね！

1889年

映写機（キネトスコープ）
映像を記録して楽しめるようになった。エジソンは「映画の父」とも言われている。

1909年

アルカリ蓄電池《ちくでんち》
日常生活で電気が使いやすくなる工夫をした。

学校に行けず、人一倍の努力で独学したエジソン。数多くの失敗から発明を生み出した。ただ、学校をさぼるすすめではないからみんなは気をつけようね！
きちんと勉強の基礎《きそ》を身につけることで、みすみす失敗しなくてすむことも多いんだ。

エジソンは、ガムテープやベニヤ板などのユニークな発明、電話機や発電機などの改良、実用化にもかかわっているよ。

写真提供：おもちゃのまちバンダイミュージアム

勉強《べんきょう》がよくできる子《こ》になるには、どうしたらよいだろう？

2 くり返《かえ》して勉《べん》強《きょう》しよう

①生《う》まれつきの頭《あたま》の良《よ》さより本人《ほんにん》の努力《どりょく》が大切《たいせつ》

君《きみ》たちは、「頭《あたま》が良《よ》いから勉強《べんきょう》ができる。頭《あたま》が悪《わる》いから勉強《べんきょう》ができない。」と考《かんが》えていないかな。

でも、本当《ほんとう》は、そんなに、たんじゅんではないんだ。頭《あたま》をパカッと開《ひら》いて、のうみそを見《み》たからって、お医者《いしゃ》さんだって、その人《ひと》が頭《あたま》が良《よ》いかどうかなんて分《わ》からないんだよ。

昔《むかし》は、「のうみその重《おも》い人《ひと》は頭《あたま》が良《よ》く、軽《かる》い人《ひと》は頭《あたま》が悪《わる》い。」と思《おも》われていたこともあったけれど、今《いま》では、この考《かんが》え方《かた》は信《しん》じられていない。体《からだ》の大《おお》きな動物《どうぶつ》の中《なか》には、人間《にんげん》よりも、のうが重《おも》いものもいるしね。

それと、もう一つ、私《わたし》が子《こ》どものころには、「のうのシワが多《おお》いほど、知能《ちのう》が高《たか》い。」と言《い》われていたんだけれども、どうも、これも正《ただ》しくないらしいね。

では、親《おや》の頭《あたま》が良《よ》いなら、必《かなら》ず子《こ》どもも頭《あたま》が良《よ》いのだろうか。

生《い》き物《もの》には「遺伝《いでん》」というものがあって、親《おや》の体《からだ》の性質《せいしつ》が子《こ》どもに伝《つた》わるのは確《たし》かだ。しかし、世《よ》の中《なか》を見《み》わたしてみると、いろいろな親子《おやこ》がいるね。

親《おや》と同《おな》じような職業《しょくぎょう》につく子《こ》もたくさんいるけれど、中《なか》には、親《おや》が大学《だいがく》の先生《せんせい》をしていても、子《こ》どもは高校《こうこう》を卒業《そつぎょう》できないでやめてしまったり、親《おや》があまり学《がっ》校《こう》に行《い》かなかった人《ひと》でも、子《こ》どもは大学院《だいがくいん》を出《で》て宇宙《うちゅう》ロケットの研究《けんきゅう》をしているなんてこともあるんだ。

私《わたし》の大学時代《だいがくじだい》の友人《ゆうじん》が言《い》っていたけれど、「男《おとこ》の子《こ》の場合《ばあい》、父親《ちちおや》が一流大学《いちりゅうだいがく》の卒業生《そつぎょうせい》なら、その四割《わり》が一流大学《いちりゅうだいがく》に入学《にゅうがく》する。」という統計《とうけい》（さまざまな物事《ものごと》についての数《かず》や割合《わりあい》を調《しら》べること）があったそうだね。その人《ひと》の家《いえ》でも、父親《ちちおや》も子《こ》どもも、そろって一流大学《いちりゅうだいがく》だったから、本当《ほんとう》かもしれない。

でも、私《わたし》は考《かんが》えるんだけれども、男《おとこ》の子《こ》は、お父《とう》さんを理想《りそう》とし、手本《てほん》とし、目標《もくひょう》として努力《どりょく》するから、結果《けっか》として、勉強《べんきょう》がよくできるようになるんじゃないかな。

私《わたし》は、生《う》まれつきの頭《あたま》が良《よ》いか悪《わる》いかよりも、本人《ほんにん》の努力《どりょく》の積《つ》み重《かさ》ねとか、家庭環境《かていかんきょう》や文化《ぶんか》とかのほうが、学力《がくりょく》に大《おお》きくえいきょうすると思《おも》う。

家庭環境《かていかんきょう》や文化《ぶんか》というのは、家《いえ》の中《なか》が子《こ》どもにとって勉強《べんきょう》しやすい場所《ばしょ》になっているとか、家族《かぞく》のえいきょうで勉強《べんきょう》したくなるようなふんいきがあるとかいうことだね。

頭《あたま》が良《よ》いからテストの点《てん》がいいのではなくて、テストの点《てん》がいいから、まわりからも頭《あたま》が良《よ》いと言《い》われ、本人《ほんにん》もそう信《しん》じるようになるんだよ。

そして、「自分《じぶん》は頭《あたま》が良《よ》い。」と信《しん》じこむと、不思議《ふしぎ》なもので、本当《ほんとう》に勉強《べんきょう》ができるようになるんだ。

②覚《おぼ》えられるまで、くり返《かえ》し勉強《べんきょう》しよう

では、勉強《べんきょう》がよくできるようになるには、どうしたらいいだろう。

勉強《べんきょう》のポイントは「くり返《かえ》し」なんだよ。

「サーッと一回読《かいよ》んだだけで覚《おぼ》えてしまう。」という人《ひと》もいるけれど、そういう人《ひと》は、わすれるのも速《はや》いものだ。コツコツとくり返《かえ》して勉強《べんきょう》するのが、王道《おうどう》（正《ただ》しく努力《どりょく》する道《みち》）なんだよ。

「算数《さんすう》がむずかしい。ぼくって頭悪《あたまわる》いんだ。」となげいている君《きみ》。算数《さんすう》ができるかできないかは練習《れんしゅう》の回数《かいすう》で決《き》まるんだよ。くり返《かえ》し、くり返《かえ》し、正確《せいかく》な答《こた》えが

出《だ》せるように練習《れんしゅう》すると、教科書《きょうかしょ》レベルの問《もん》題《だい》なら、だれでも満点《まんてん》を取《と》れるようになるんだ。

国語《こくご》の漢字《かんじ》だって同《おな》じだ。毎日毎日《まいにちまいにち》、書《か》き取《と》りの練習《れんしゅう》をしているうちに、グイグイ実力《じつりょく》がついてくるんだよ。

社会《しゃかい》や理科《りか》も同《おな》じだよ。興味《きょうみ》を持《も》って、教《きょう》科書《かしょ》や参考書《さんこうしょ》を三回《かい》、四回《かい》とくり返《かえ》して読《よ》むと、すぐいい成績《せいせき》が取《と》れるようになるよ。

時間《じかん》をおしまないこと、努力《どりょく》をいやがらないこと、これが成功《せいこう》の条件《じょうけん》だ。

分《わ》かったかな。「くり返《かえ》し」こそ勉強《べんきょう》の王道《おうどう》

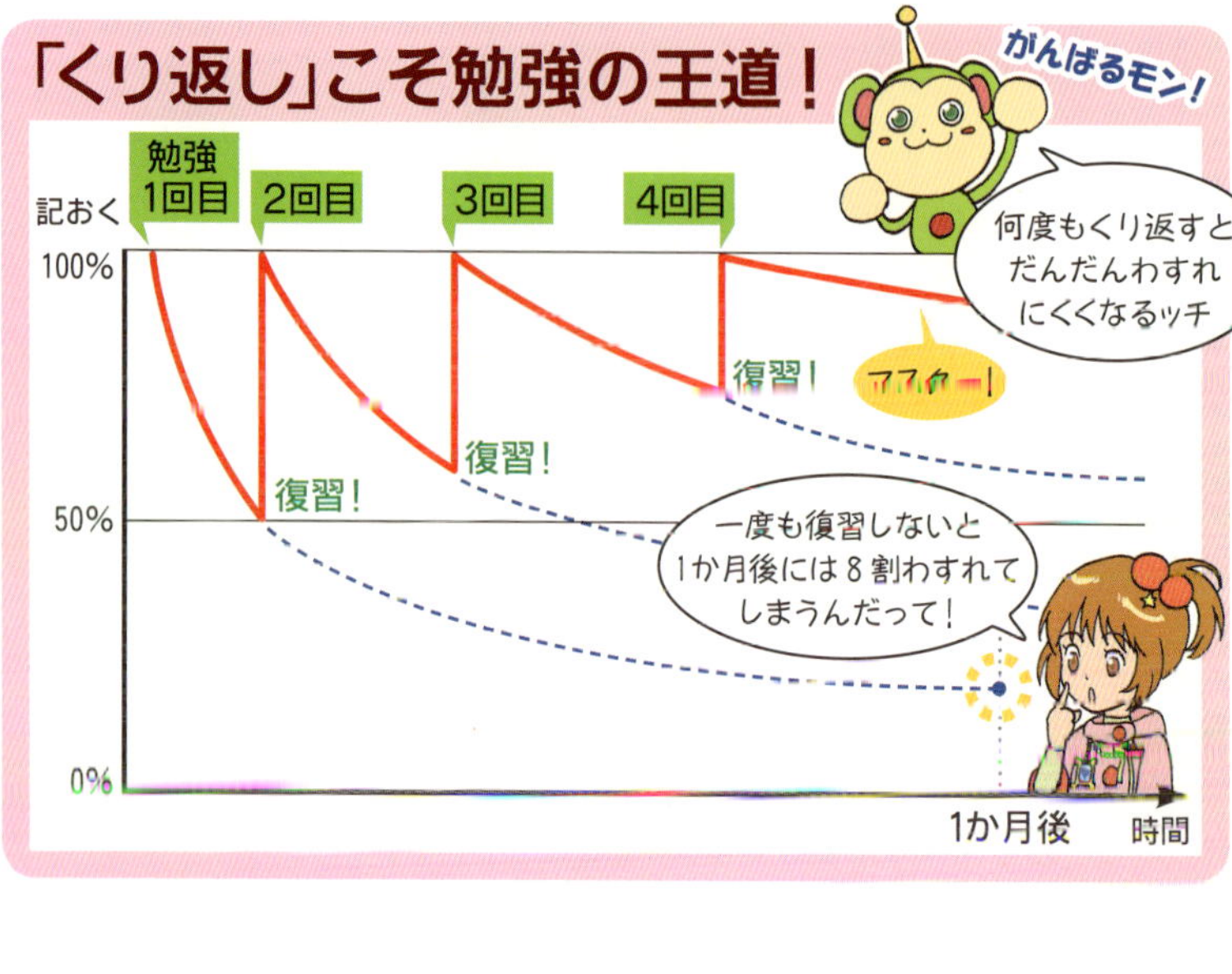

「くり返し」こそ勉強の王道！
がんばるモン！
記おく
100%
50%
0%
勉強1回目
2回目
3回目
4回目
復習！
復習！
復習！
アップ！
何度もくり返すとだんだんわすれにくくなるッチ
一度も復習しないと1か月後には8割わすれてしまうんだって！
1か月後
時間

なんだよ。できるようになるまで、あきらめないこと。そして、覚《おぼ》えられるまで、何度《なんど》でもくり返《かえ》すことだ。

勉強《べんきょう》のできる人《ひと》になるのは、かんたんなんだよ。

2 くり返《かえ》して勉強《べんきょう》しよう

ポイント

勉強《べんきょう》の王道《おうどう》は何度《なんど》もくり返《かえ》すことなんだよ。

チョロはいつもノートを見直してるよな
くり返しは勉強の基本ですから

ココをチェック!

家《いえ》での勉強《べんきょう》を毎日《まいにち》きちんとできる子《こ》はどんな工夫《くふう》をしているのかな？

3 学習《がくしゅう》計画《けいかく》を立《た》てよう

①自分《じぶん》の学習計画表《がくしゅうけいかくひょう》を作《つく》ろう

君《きみ》たちは、家《いえ》での勉強《べんきょう》をどのようにしているかな。

家《いえ》に帰《かえ》って一休《ひとやす》みしてから、「さて、きょうは何《なん》の勉強《べんきょう》をしようか。」なんて、やっと考《かんが》えはじめるような感《かん》じかな。もしかしたら、遊《あそ》びのつごうや気分《きぶん》しだいで、その日《ひ》に勉強《べんきょう》する内容《ないよう》をでたらめに決《き》めたりしてはいないかな。

でも、そうだからといって、君《きみ》だけが特別《とくべつ》に変《へん》なわけじゃない。大人《おとな》にも同《おな》じようなところはあるんだ。

「ママ、一週間分《しゅうかんぶん》のこん立《だ》て、考《かんが》えている？　日曜日《にちようび》の夕食《ゆうしょく》は何《なに》？」と子《こ》どもに聞《き》かれて、すぐ答《こた》えられるお母《かあ》さんは、十人《にん》に一人《ひとり》もいないだろうね。それほど、計画《けいかく》というものは立《た》てるのがむずかしいものなんだ。

例《たと》えば、その日《ひ》の天気《てんき》によって、食《た》べたいものは変《か》わるし、その日《ひ》、スーパーがおいしいお魚《さかな》の特売日《とくばいび》だったりすると、急《きゅう》に夕食《ゆうしょく》のメニューが変《か》わってしまうこともある。

勉強《べんきょう》もこれと同《おな》じで、とつぜん学校《がっこう》でたくさんの宿題《しゅくだい》が出《で》ることもある。それから、お父《とう》さんが、急《きゅう》に、「土曜日《どようび》に遊園地《ゆうえんち》に連《つ》れていってあげる。」と言《い》いだすこともあるよね。そうすると、勉強《べんきょう》の予定《よてい》はくるってしまうけれど、お父《とう》さんが、会社《かいしゃ》の人《ひと》とゴルフに行《い》かずに、家庭《かてい》サービスをしてくれるのはめずらしいので、すぐ「うん。」と言《い》ってしまうよね。

こういうこともあるから、学習計画《がくしゅうけいかく》を立《た》てるときには、少《すく》なくともお母《かあ》さん、できればお父《とう》さんにも見《み》てもらったほうがいいだろう。

そして、作《つく》った計画表《けいかくひょう》を、自分《じぶん》の部屋《へや》だけではなくて、お父《とう》さん、お母《かあ》さんにもよく見《み》えそうな場所《ばしょ》、例《たと》えば台所《だいどころ》やリビングなどにも張《は》り出《だ》しておいたほうがいいだろうね。

②計画《けいかく》を立《た》てるコツ

★毎日《まいにち》の勉強時間《べんきょうじかん》を決《き》めよう

さて、計画《けいかく》の立《た》て方《かた》だけれど、まずは毎日《まいにち》の勉強時間《べんきょうじかん》を決《き》めよう。

平日《へいじつ》には、何時間《なんじかん》、勉強《べんきょう》するのか。土曜日《どようび》は、学校《がっこう》のある日《ひ》とない日《ひ》とで、そ

やだなぁ〜
算数の勉強ってつい後回しにしちゃう…
算数
ママはこん立て表のおかげで買い物に迷わなくなったわ
ジャーン!
苦手科目も計画を立てればちゃんと勉強できるわよ!
えっ!
計画が大事なのね
207ページに計画表があるッチ

れぞれ、何時間《なんじかん》、勉強《べんきょう》するのか。日曜日《にちようび》や祝日《しゅくじつ》などの休日《きゅうじつ》は何時間《なんじかん》にするのか。だいたいの目安《めやす》を作《つく》ろう。そのとき、運動《うんどう》の時間《じかん》や習《なら》い事《ごと》の時間《じかん》も見《み》こんでおこう。

★「週間学習予定表《しゅうかんがくしゅうよていひょう》」を作《つく》ろう

次《つぎ》に、学校《がっこう》の時間割《じかんわり》と家庭《かてい》での学習予定表《がくしゅうよていひょう》をいっしょにした、「週間学習予定表《しゅうかんがくしゅうよていひょう》」を作《つく》ってみよう。

例《たと》えば、「月曜日《げつようび》には、国語《こくご》四十分《ぶん》、算数《さんすう》四十分《ぶん》、運動《うんどう》三十分《ぷん》、理科《りか》三十分《ぷん》、社会《しゃかい》三十分《ぷん》、復習《ふくしゅう》三十分《ぷん》。」というふうに決《き》め、学習計画《がくしゅうけいかく》を立《た》てるんだ。

★教科《きょうか》ごとに一週間《しゅうかん》あたりの合計勉強時間《ごうけいべんきょうじかん》を確認《かくにん》しよう

さらに、国語《こくご》、算数《さんすう》、理科《りか》、社会《しゃかい》、それぞれの勉強時間《べんきょうじかん》が一週間《しゅうかん》で合計何時間《ごうけいなんじかん》になるかも確認《かくにん》しよう。

小学校《しょうがっこう》一年生《ねんせい》で一時間《じかん》、二年生《ねんせい》で二時間勉強《じかんべんきょう》していれば、よくがんばっているね。三年生《ねんせい》で三時間《じかん》なら、かなりのゆうとう生《せい》だ。

五年生《ねんせい》、六年生《ねんせい》で、塾《じゅく》の時間《じかん》も入《い》れたら四時間《じかん》から五時間勉強《じかんべんきょう》する子《こ》は、東京《とうきょう》でもトップ・レベルの中学受験生《ちゅうがくじゅけんせい》だよ。

★勉強《べんきょう》を進《すす》める速《はや》さを決《き》めよう

それから、教科書《きょうかしょ》や参考書《さんこうしょ》、問題集《もんだいしゅう》をどのように進《すす》めていくかを決《き》めよう。

塾《じゅく》に通《かよ》っている子《こ》は、塾《じゅく》が進《すす》めていく速《はや》さに合《あ》わせるのが楽《らく》だろうけれど、そうでない子《こ》は自分《じぶん》で目標《もくひょう》を立《た》ててみよう。定期的《ていきてき》にもぎ試験《しけん》などを受《う》けている子《こ》なら、その予想出題《よそうしゅつだい》はんいに合《あ》わせて学習《がくしゅう》すれば、毎月《まいつき》、または毎週《まいしゅう》あたりの勉《べん》強《きょう》の速《はや》さがつかめるね。

例《たと》えば、君《きみ》の「週間学習予定表《しゅうかんがくしゅうよていひょう》」では、一週間《しゅうかん》あたりの算数《さんすう》の勉強時間《べんきょうじかん》が合《ごう》計《けい》六時間《じかん》だとしよう。そうすると、一時間《じかん》あたり、どのくらいのはんいの勉強《べんきょう》を進《すす》めていかなければならないかが分《わ》かるだろう。

この勉強《べんきょう》の速《はや》さについては、どのくらいが自分《じぶん》に合《あ》っているのか、お父《とう》さんやお母《かあ》さんにも相談《そうだん》したほうがいいだろうね。

★長期《ちょうき》の計画《けいかく》も立《た》ててみよう

さらに欲《よく》を言《い》えば、学期《がっき》ごとの学習計画《がくしゅうけいかく》や年間学習計画《ねんかんがくしゅうけいかく》、三か年計画《ねんけいかく》などがあってもいいね。努力《どりょく》してみよう。

3 学習計画《がくしゅうけいかく》を立《た》てよう

ポイント

一週間《しゅうかん》の予定表《よていひょう》を作《つく》り、科目《かもく》ごとの勉強時間《べんきょうじかん》と進《すす》める速《はや》さを決《き》めよう。

さっそく一週間の計画を立ててみよう
モンちゃんもおやつの計画立てたモン！
月曜はチョコ 火曜はクッキー…

学習計画を立てよう！

トライだモン！

①まず記入表を用意しよう。

学校の時間割と家での予定を、両方書きこめる表を作ろう。

★左のページを大きくコピーするといいよ！

★予定表を用意したら、日付を入れよう。

月/日 4/14 4/15 4/16 4/17
平日用 月 火 水 木
朝
1時限 総合 理科 国語
2時限 社会 体育 社会
3時限 音楽 国語 家庭
国語 算数 総合
コピーの前に学校の時間割を書いておくと毎週使えるよ！

②家での一週間の勉強時間を立てよう。

記入表の下の部分を使って、曜日ごとの勉強時間を決めよう。

★塾に通っている人は、授業時間も加えよう。

▼曜日ごとに家での勉強時間を決めよう！（塾

国語	60	60		
算数	60	60	30	
理科	30		60	
社会	30	30	60	

③一週間の合計時間を確認しよう。

科目ごとの時間配分を考えよう。苦手科目は時間を多めにとるなど、工夫するといいね。

合計
240分
60 300分
30 180分
210分
最初から欲ばりすぎて、三日ぼうずにならないようにね！

④家での予定を決めよう。

食事や習い事など、時間が決まっている予定は先に書いておくといいよ。

★②で立てた勉強時間を目安に、時間を割り振ってみよう。

うまくできたモン？

3時	復習		
4時	社会 自由	復習 自由	復習 自由
5時	塾	算数	塾
6時	↓	国語	↓
7時	夕食	夕食	夕食

実さいに勉強できた時間を色でぬりつぶすと、はげみになるよ！
休みの日は右はじの休日用目もりを使ってね！

月／日	／	／	／	／	／	／		／	
平日用▼	月	火	水	木	金	土		日	休日用▼
						平日用	休日用		
朝									朝
1時限									8時
2時限									9時
3時限									10時
4時限									11時
お昼									12時
5時限									1時
6時限									2時
3時									3時
4時									4時
5時									5時
6時									6時
7時									7時
8時									8時
9時									9時
10時									10時

▼曜日ごとに家での勉強時間を決めよう!(塾の時間も加えよう)

									合計
国語									分
算数									分
理科									分
社会									分

勉強《べんきょう》した内容《ないよう》をわすれないためには
どうしたらよいかな?

4 予《よ》習《しゅう》・復《ふく》習《しゅう》で実《じつ》力《りょく》をアップしよう

①あやふやな知《ち》識《しき》を確《たし》かめ、記《き》おくにきざもう

「予習《よしゅう》」っていう言葉《ことば》は知《し》っているよね。まだ教《おし》えられていないところを、前《まえ》もって勉強《べんきょう》することだ。次《つぎ》の日《ひ》の授業《じゅぎょう》で勉強《べんきょう》することを、前《まえ》の日《ひ》のうちに目《め》を通《とお》しておくことだ。これはかんたんだね。

では、「復習《ふくしゅう》」は、どういうものだろう。きょう学校《がっこう》で教《おそ》わったことを、その日《ひ》のうちに点検《てんけん》することだ。教科書《きょうかしょ》やノートを見直《みなお》して、先生《せんせい》の話《はな》したことをふり返《かえ》り、記《き》おくにきざむことだ。これが小学生《しょうがくせい》にとっての復習《ふくしゅう》の基本《きほん》だね。

「予習《よしゅう》」をこうげきとするならば、「復習《ふくしゅう》」は守《まも》りだ。いくら新《あたら》しい知識《ちしき》を追《お》い求《もと》めても、きちんと復習《ふくしゅう》しなければ、ザルで水《みず》をすくうように、こぼれ落《お》ちていくものなんだ。

次《つぎ》に、学校《がっこう》のテストが採点《さいてん》されて返《かえ》ってきたときに、「点数《てんすう》だけ見《み》たら机《つくえ》の引《ひ》き出《だ》しにしまってしまう。」というのではだめだよ。

最低《さいてい》でも、まちがったところは、ちゃんとできるようにするために復習《ふくしゅう》しておかないといけないね。それに、正解《せいかい》した問題《もんだい》でも、「本当《ほんとう》は知識《ちしき》があやふやだったのに、たまたま記号《きごう》を選《えら》んだら正解《せいかい》だった。」というもの

計算ドリル こんなに やったよ!
もう6冊め!♪
すご〜い! じゃあ、これ教えて!
算数ドリル
算数ドリル
こんなの カンタ…ン あれ?
おかしいな…
せっかく 勉強しても 復習しないと わすれちゃうよ
モン!
ウゥ〜 反省…
ハハハ…
くり返しで 実力アップ だモン!

復習しておかないと…

もあるはずだから、もう一度《いちど》、さっと目《め》を通《とお》しておく必要《ひつよう》があるんだ。

「もし一週間後《しゅうかんご》に同《おな》じテストがもう一度《いちど》あったら、今度《こんど》は必《かなら》ず満点《まんてん》を取《と》れるようになろう。」と心《こころ》がけるといいよ。これで実力《じつりょく》はぐんと上《あ》がるだろう。

中学生《ちゅうがくせい》も、中間《ちゅうかん》テストや期末《きまつ》テストの前《まえ》には、授業《じゅぎょう》で教《おそ》わったことを総復習《そうふくしゅう》しなくてはならない点《てん》は、まったく同《おな》じだ。授業中《じゅぎょうちゅう》の小《しょう》テストもばかにしてはいけない。コツコツとまめに復習《ふくしゅう》していけば、高校進学《こうこうしんがく》のときの内申書《ないしんしょ》にもプラスになるだろう。

②受験勉強《じゅけんべんきょう》を進《すす》めるコツ

小学校高学年《しょうがっこうこうがくねん》以上《いじょう》で塾《じゅく》に通《かよ》っている子《こ》は、塾《じゅく》での勉強《べんきょう》の復習《ふくしゅう》、もぎ試験《しけん》の出題《しゅつだい》はんいの復習《ふくしゅう》、答案《とうあん》が採点《さいてん》されて返《かえ》ってきた後《あと》の復習《ふくしゅう》が大切《たいせつ》だ。

受験勉強のコツ！

①受験する学校をきめよう

受験ガイド本、学校のホームページ、学校の説明会・見学会などを参考にしよう。

★校風は自分に合っている？
★通学時間はだいじょうぶ？
★自分の実力に合っている？
★もぎ試験で学力を確認しよう。

②「過去問」を手に入れよう

書店の参考書コーナーに学校別の入試問題集がある。置いていない場合は注文しよう。

★学校を決めたら、なるべく早めに問題を手に入れよう。
★学校のホームページで問題を公開していることもあるよ。

★もぎ試験《しけん》でまちがえた問題《もんだい》は、しっかりと復習《ふくしゅう》しておこう

もぎ試験《しけん》も、点数《てんすう》と偏差値《へんさち》だけを見《み》て、喜《よろこ》んだり落《お》ちこんだりしていてはだめだよ。もぎ試《し》験《けん》は、あくまでも入試本番《にゅうしほんばん》の予行演習《よこうえんしゅう》（本番《ほんばん》と同《おな》じようなかたちで行《おこな》う練習《れんしゅう》）であり、予想問題《よそうもんだい》なのだから、二度《ど》目《め》に同《おな》じ問題《もんだい》が出《で》たら満点《まんてん》になるように、復習《ふくしゅう》しておくことが重要《じゅうよう》なんだ。

★受験《じゅけん》する学校《がっこう》ごとに問題《もんだい》のくせを調《しら》べよう

それから、受験《じゅけん》について言《い》えば、中学受験《ちゅうがくじゅけん》、高校受験《こうこうじゅけん》、大学受験《だいがくじゅけん》に共通《きょうつう》した勉強法《べんきょうほう》がある。

それは、自分《じぶん》の受験《じゅけん》する学校《がっこう》が過去《かこ》の入試《にゅうし》で出《しゅつ》

チャレンジするモン！

早めに過去問を研究しておけば勉強する内容がハッキリするよ！

③過去問を研究しよう！

入試の一年前から半年前には取り組み、学校のくせを知ろう。

★毎年必ず出題される問題があるよ。（例えば、図形の面積、気候のグラフ、ことわざなど）

★得点の配分も見ておこう。

★本番までに三回は解こう。

④もぎ試験を受けてみよう！

力だめしの新しい予想問題として、もぎ試験を活用しよう。

★本番のような気持ちで受け、ふんいきに慣れておこう。

★現在の実力をつかもう。

★まちがえた問題はしっかりと復習しておこう。

題《だい》した問題《もんだい》を研究《けんきゅう》しておくことなんだ。こういう問題《もんだい》のことを、よく「過去問《かこもん》」と言《い》うよね。

受験生《じゅけんせい》の中《なか》には、「過去問《かこもん》は、しっかり勉強《べんきょう》した後《あと》でやろう。」と思《おも》って手《て》をつけず、入試《にゅうし》の本《ほん》番直前《ばんちょくぜん》に、自分《じぶん》の実力《じつりょく》をうらなうようなつもりで、初《はじ》めて過去問《かこもん》を解《と》く子《こ》もいるけれど、それではおそすぎるよ。

受験《じゅけん》する学校《がっこう》ごとに、出題《しゅつだい》される問題《もんだい》には一《いっ》定《てい》のくせがあるんだ。だから、直前《ちょくぜん》になってから、どういう問題《もんだい》が出《で》ているかを初《はじ》めて調《しら》べているようでは、おそすぎるということだね。

★入試《にゅうし》の半年《はんとし》や一年前《ねんまえ》から過去問《かこもん》を研究《けんきゅう》しよう

入試直前でも実力はのびるわ!
あきらめないで!
フレーフレーだモン!
入試!
応えんしてるよ!
がんばって!

⑤弱点をなくそう!

過去問やもぎ試験でよくまちがえる問題が自分の弱点。確認しよう。

★問題をよく復習し、次に出たときには満点をとれるようにしよう。

★弱点は参考書や入試直前の整理用テキストで重点的に取り組もう。（例えば、漢字、計算など）

やはり、受験《じゅけん》する学校《がっこう》で過去《かこ》の五年《ねん》から十年《ねん》ぐらいで出《だ》された問題《もんだい》は、おそくても入試《にゅうし》の一年前《ねんまえ》から半年前《はんとしまえ》には研究《けんきゅう》を始《はじ》めておいたほうがいい。そして、本番《ほんばん》までに三回《かい》ぐらいは問題《もんだい》をくり返《かえ》し解《と》いて、同《おな》じ問題《もんだい》や似《に》たような問題《もんだい》では満点《まんてん》を取《と》れるようにしておくんだ。力《ちから》だめしの新《あたら》しい予想問題《よそうもんだい》として、もぎ試験《しけん》を活用《かつよう》するといいよ。

★自分《じぶん》の弱点《じゃくてん》を重点的《じゅうてんてき》につぶしておこう

そして、過去問《かこもん》やもぎ試験《しけん》の問題《もんだい》を問題集《もんだいしゅう》がわりに復習《ふくしゅう》していけば、入試《にゅうし》の二、三か月前《げつまえ》でも実力《じつりょく》は急《きゅう》にのびていくはずだ。そういう勉強《べんきょう》の中《なか》で明《あき》らかになった自分《じぶん》の弱点《じゃくてん》を、参考書《さんこうしょ》や入試直前《にゅうしちょくぜん》の整理用《せいりよう》テキストで重点的《じゅうてんてき》につぶしておくと、塾《じゅく》のテストの合格予想《ごうかくよそう》では三十パーセント未満《みまん》だった子《こ》でも、十分《じゅうぶん》に合格《ごうかく》するはんいに入《はい》る可能性《かのうせい》があるんだ。

とにかく、入試《にゅうし》の本番直前《ほんばんちょくぜん》になると、あせって、いろんなものに手《て》を出《だ》したくなるけれども、かえって不安《ふあん》になって失敗《しっぱい》することが多《おお》いんだね。復習《ふくしゅう》で守備《しゅび》はんいを固《かた》め、安定《あんてい》して得点《とくてん》できる部分《ぶぶん》を作《つく》っておくことで、自信《じしん》がついて、思《おも》わぬ成功《せいこう》をもたらすことになるはずだよ。

このように、全体《ぜんたい》としては、「長期的《ちょうきてき》には予習《よしゅう》を。短期的《たんきてき》には復習《ふくしゅう》を。」という勉強《べんきょう》のやり方《かた》が一つの考《かんが》え方《かた》になるだろうと思《おも》う。分《わ》かったかな。

4 予習《よしゅう》・復習《ふくしゅう》で実力《じつりょく》をアップしよう

ポイント

よく復習《ふくしゅう》して
弱点《じゃくてん》をなくしていくと
自信《じしん》がつくよ。

帰ったら計算ドリルもう一回復習しようっと！
私は明日の授業の予習をしておこう！
予習はこうげき！
復習は守りだモン！

勉強《べんきょう》がいやになってしまったときには、どうしたらよいかな？

5　ねばり強《づよ》くなろう

①物事《ものごと》をやりとげる根気《こんき》をやしなおう

最後《さいご》に、「ねばり強《づよ》さ」ということについて考《かんが》えてみよう。

あきっぽい性格《せいかく》の子《こ》っているよね。「積木《つみき》をやっているかと思《おも》うと、すぐにぱっと投《な》げ出《だ》して、今度《こんど》はマンガに手《て》を出《だ》し、読《よ》み終《お》わらないうちに、テレビのスイッチを入《い》れる。」というような人《ひと》だ。

勉強《べんきょう》を始《はじ》めても、ものの十分《ぷん》もしないうちにイライラしはじめて、時計《とけい》のはりが気《き》になったり、まどの外《そと》が気《き》になったり、夕《ゆう》ご飯《はん》のおかずが気《き》になったりする。

こういう子《こ》は、ふつう、「集中力《しゅうちゅうりょく》がない。」と言《い》われる。

中《なか》には、「多動性《たどうせい》」といって、生《う》まれつきガサゴソしていないといられない子《こ》もいるけれど、決《けっ》して一生治《いっしょうなお》らないというものではないんだ。

まずは、物事《ものごと》をやりとげる根気《こんき》をやしなおう。十分《ぶん》ぐらいで投《な》げ出《だ》したくなるところを、「まだまだ。」「これしき。」「なんのその。」と思《おも》い、フーッと深呼吸《しんこきゅう》して、もうひとねばり、ふたねばりする努力《どりょく》が必要《ひつよう》なんだ。

必勝
よーし！やるぞ！
イカン
イカン
15分後…
ぽやや～ん
マンガ
ゲーム
ごはん
まだまだ！
これしき！
なんのその！
根気が大切！深呼吸してもうひとふんばり！
ふたふんばりだモン
ねばり強く勉強しよう！

マラソンでも、息《いき》が上《あ》がって、足《あし》がつかれ、「もうだめだ。たおれてしまう。」と思《おも》うときがある。そんなときに、「あの電柱《でんちゅう》の所《ところ》までがんばろう。」「向《む》こうの橋《はし》まで、ねばりぬこう。」と思《おも》って、たえながら走《はし》っているうちに、不思議《ふしぎ》と足《あし》が軽《かる》くなり、目標地点《もくひょうちてん》まで走《はし》ると、また新《あたら》しい力《ちから》がわいてきて、結局《けっきょく》、最終《さいしゅう》ゴールまで完走《かんそう》することができたりするものだ。

勉強《べんきょう》もこれといっしょだね。

算数《さんすう》の問題《もんだい》がむずかしくて、「もうできないや。」と投《な》げ出《だ》したくなるときもあるよね。でも、こういう投《な》げ出《だ》しぐせがつくと、今《いま》まで出《で》あったことのない問題《もんだい》に出《で》くわしたときに、すぐにげるような、ひきょうな人間《にんげん》になってしまうんだ。

大人《おとな》になっても、そんな人《ひと》は多《おお》い。子《こ》ども時代《じだい》から、「すぐにげ出《だ》す性格《せいかく》」になっているのに気《き》づかないまま、成人《せいじん》してしまったんだね。

②問題《もんだい》を細《こま》かく分《わ》けてコツコツと努力《どりょく》しよう

でも、考《かんが》えてもごらん。マラソンで君《きみ》が苦《くる》しいときには、ほかの子《こ》も苦《くる》しいんだ。

君《きみ》が算数《さんすう》の問題《もんだい》でなやんだり、社会《しゃかい》の暗記《あんき》ができなかったり、国語《こくご》の漢字《かんじ》が覚《おぼ》えられなかったりして苦《くる》しいときには、ほかの子《こ》も苦《くる》しいんだよ。

その苦《くる》しさに負《ま》けてしまって、いつも投《な》げ出《だ》す人《ひと》は、「負《ま》け犬《いぬ》」になってしまうんだ。犬《いぬ》は、けんかに負《ま》けると、しっぽをまいて、またの間《あいだ》にはさんでにげていく。

みんなは、「キャイン、キャイン。」と鳴《な》きながら、目《め》をふせてにげていく犬《いぬ》のようにはなりたくないものだね。

だから、君《きみ》も苦《くる》しさからにげるな。悲鳴《ひめい》を上《あ》げず、泣《な》き言《ごと》を言《い》わず、なっとうのようにねばりぬけ。

宿題《しゅくだい》の多《おお》さがなんだ。大声《おおごえ》でわめかずに、まず、一枚《まい》一枚《まい》を仕上《しあ》げていくことだよ。

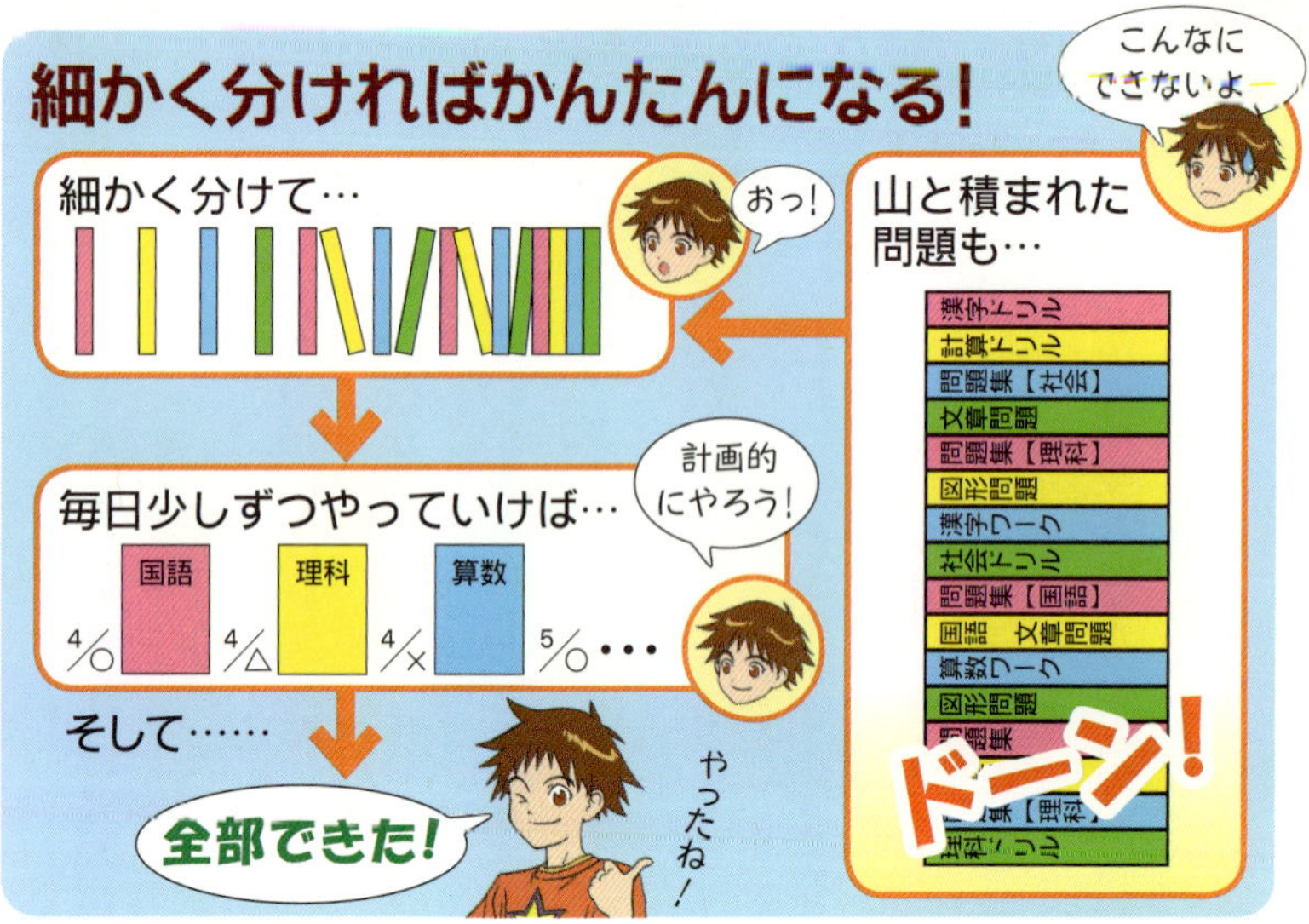
細かく分ければかんたんになる!
こんなにできないよー
山と積まれた問題も…
漢字ドリル
計算ドリル
問題集【社会】
文章問題
問題集【理科】
図形問題
漢字ワーク
社会ドリル
問題集【国語】
国語 文章問題
算数ワーク
図形問題
ドーン!
おっ!
細かく分けて…
計画的にやろう!
毎日少しずつやっていけば…
国語
理科
算数
4/○
4/△
4/×
5/○…
そして……
やったね!
全部できた!

東北地方《とうほくちほう》では、冬《ふゆ》の間《あいだ》、屋根《やね》に雪《ゆき》がいっぱい積《つ》もる。雪下《ゆきお》ろしをしないと、家《いえ》がミシミシと音《おと》を立《た》てて、つぶれてしまうことだってあるんだ。

そのときに、一メートルも積《つ》もった屋根《やね》の雪《ゆき》を、クレーン車《しゃ》なんかで取《と》りのぞくと思《おも》うかな。

そうじゃないよ。人間《にんげん》には一トンの雪《ゆき》を動《うご》かす力《ちから》はないけれど、シャベルで少《すこ》しずつ雪《ゆき》を下《お》ろしていけば、何《なん》トンの雪《ゆき》だって取《と》りのぞくことはできるんだ。

どんなむずかしい問題《もんだい》に出《で》あっても、ひるまないで、細《こま》かく分《わ》けていけば、かんたんになる。コツコツと努力《どりょく》を続《つづ》けていくことが大事《だいじ》なんだ。

「継続《けいぞく》は力《ちから》なり。」という言葉《ことば》を聞《き》いたことがあるだろう。これは、「ずっと続《つづ》けていくことによって自分《じぶん》の実力《じつりょく》がついていく。」ということなんだ。このように、ねばり強《づよ》く続《つづ》けることが、成功《せいこう》への道《みち》を開《ひら》くんだね。

5 ねばり強《づよ》くなろう

ポイント

苦《くる》しくても、にげずに、コツコツとねばり強《づよ》く努力《どりょく》を続《つづ》けていこう。

コツコツ努力することが大切ね！
ねばり強いモン！
継続《けいぞく》は力なり！

やってみよう！

チャレンジワーク！

下の①～⑩のうち、第３章の内容に合っているものに○、合っていないものに×をつけよう。

① 子どもにとっては、大人のまねをすることが学ぶことの始まり。

② 自分の考えを発表する前に、まず他の人が勉強した成果をしっかり理解することが大事。

③ 学力は、生まれつきの頭の良さで決まってしまう。

④ 勉強の王道は「くり返し」だ。

⑤ 家での勉強の内容は、その日の気分しだいで決めるとよい。

⑥ 予習とは、まだ教えられていないところを、前もって勉強すること。

⑦ 復習の基本は、教わったことをふり返り、記おくにきざむこと。

⑧ テストで正解した問題は、もう復習しなくてもよい。

⑨ むずかしい問題も細かく分けていけばかんたんになる。

⑩ ねばり強く続けることが、成功への道を開く。

答え ①○ ②○ ③× ④○ ⑤× ⑥○ ⑦○ ⑧× ⑨○ ⑩○

あれから一年後…
また今日も努々力《どどりき》先生にしかられちゃったぁ進歩のないボク…
しょぼ～ん
キー
コー
ピピ～～～ッ!
おい!リョウ寄り道か!
ガシャ
ウワッ!努々力先生?
いえ、あの、そのっ……
ジャーン!
モンちゃんだモ～ン
得意の声まねだモン!
ピピ～
モンちゃん!ビックリさせるなよ～
くすくす
ずる..
キキッ
守護霊《しゅごれい》さまからメッセージだモン★
もしもしモ～ド～!
そんなに落ちこまないでホントは先生も分かってるよ
ガンバリ屋だって!
守護霊《しゅごれい》さま～!
キキッ
リョウくん さいきんワスレモノもしなくなったんだモン★
モンちゃん知ってるモン!
モンちゃ～ん!
ううっ

『子どもにとって大切なこと』を学んでみんな成長したわね！アヤもずいぶん積極的になったし！
この一年間のこと思い出してごらん
キキ！
回想《かいそう》モ〜ド〜！
パァ〜！
思いやりが出てきた
進んで家の手伝いをした
こんにちは！
自分からあいさつをするようになった
勇気を出して先生に質問した
計画的に勉強するようになった
ねばり強く勉強するようになった
ボクもそれなりに成長しているんだなァ
努力すると変わるってホントだね！

そう――
未来は明るい
まだまだ
先は長いけれど
あせらず一歩一歩
進んでいこうよ！
努力してゆこう
勇気を持とう
ねばり強く勉強してゆこう
そして
多くの人たちを
幸福にしていける人になろう
やるッチ～
キミたちの
夢《ゆめ》に向かって！
よーし！
ますます
がんばるぞー！
夢《ゆめ》に向かって
努力するわ！

あとがき

大人《おとな》になってゆくということは、自分《じぶん》の力《ちから》で生《い》きてゆけるようになるということだ。わがままの自由《じゆう》ではなく、責任《せきにん》のある自由《じゆう》に目《め》覚《ざ》めるということだ。

私《わたし》が特《とく》に強調《きょうちょう》しておきたいことは、勉強《べんきょう》はとっても大切《たいせつ》だということだ。「知《し》る」ということは、生《い》きてゆくための力《ちから》になるんだ。そして、たくさん勉強《べんきょう》しながら、人間《にんげん》としても立派《りっぱ》な人《ひと》になっていってほしいと私《わたし》は願《ねが》っている。優《やさ》しくて強《つよ》い人間《にんげん》になりなさい。人《ひと》に助《たす》けられる人間《にんげん》ではなく、人《ひと》を助《たす》けられる人間《にんげん》になりなさい。しっかりとした将来《しょうらい》の夢《ゆめ》を持《も》ちなさい。

あなたたちみんなの幸福《こうふく》を、私《わたし》は願《ねが》い続《つづ》けている。

二〇〇八年《ねん》　二月《がつ》

幸福《こうふく》の科学《かがく》グループ創始者兼総裁《そうししゃけんそうさい》　大川隆法《おおかわりゅうほう》

本書は左記の法話等をとりまとめ、加筆したものです。

第1章　子どもにとって大切なこと
「ヘルメス・エンゼルズ」89〜107号
（二〇〇二年七月二日説法）

第2章　子どもにとっての心の修行
「ヘルメス・エンゼルズ」76〜88号
（二〇〇一年九月二十六日説法）

第3章　勉強の王道
「ヘルメス・エンゼルズ」28、33〜36、39号
（書き下ろし）

子《こ》どもにとって大切《たいせつ》なこと

――強《つよ》くたくましく生《い》きるために――

2008年3月23日　初版第1刷
2017年9月27日　第3刷

著　者　大《おお》　川《かわ》　隆《りゅう》　法《ほう》

発行所　幸福の科学出版株式会社
〒107-0052　東京都港区赤坂2丁目10番14号
TEL(03)5573-7700
http://www.irhpress.co.jp/

印刷・製本　中央精版印刷株式会社

落丁・乱丁本はおとりかえいたします

ISBN978-4-87688-595-4 C0037

『サクセスNo.1』の教育について

『サクセスNo.1』では、信仰教育・徳育にウエイトを置きつつ、将来、社会人として活躍するための学力の充実にも力を注いでいます。東京、名古屋、大阪の本校のほか、全国各地に支部校が開校しています。

キミは知ってた?

どんな様子か見てみましょう

1 信仰教育が育む“健全な心”

御法話拝聴や祈願、子ども向け冊子の学習会などを通して、仏の子としての「正しい心」を学びます。

今日もガンバロウ!
志を持つことが大事なんだ!

まず心を整えてからスタート!

『サクセスNo.1祈願』

塾生たちが「心の修行」として勉強に取り組み、将来、世の中の役に立てる大人へと成長するための願いが込められた祈願を受けることができます。

御法話拝聴会

大川隆法総裁の法話を拝聴し、子どもにとって大切な心を学びます。

『ヘルメス・エンゼルズ』『ヤング・ブッダ』学習会

幸福の科学の子ども向け冊子「ヘルメス・エンゼルズ」や、青年向け冊子「ヤング・ブッダ」などを学びます。

努力の姿勢が変わってきました

小3生のお母さんの声

（神奈川県）

信仰教育を通じて、息子が一段と成長したように思います。何のために勉強するのかが分かったようで、努力の姿勢が変わってきました。「将来は人の役に立てる人になるんだ」と、宿題も頑張ってこなしています。

2 学業修行で"学力を伸ばす"

忍耐力や集中力、克己心を磨き、努力によって道を拓く喜びを体得します。

講師が熱心に教えてくれる!
ステキな講師に出会えるよ

苦手科目を克服できます

T・Aさん（東京都：中1・都内有名中学合格）

算数が苦手でしたが、自分がつまずいていたところを講師が教えてくれて、それから問題がすっと解けるようになりました。入試前には、難しい算数の問題を考えては、法友と問題を出し合って勉強したのが楽しかったです。

この問題、やっと分かったよ!

支部校では教育ボランティアが協力しています

勉強で努力する姿勢を身につけ、心を鍛えよう。

ていねいな指導で、学力をしっかり身につけ、自助努力の精神を育みます。

講師の方がとても熱心に教えてくれます!
みんな真剣に学んでいるよ!

テストの点数があがったよ

M・Kくん（沖縄県：小4）

『サクセスNo.1』に通うようになって、学校の勉強がよく分かるようになりました。分かるまで教えてくれるので、苦手だった国語の点数もあがりました。友達と一緒に勉強をがんばっています。

3 法友との交流で“友情を築く”

塾生同士の交流も活発です。お互いに信仰の価値観を共有する中で、深い友情が育まれます。

行ってみたいモン!

いい友達がたくさんいます!

Y・Kさん(東京都・小6)

『サクセスNo.1』の仲間は、信仰教育を受けているので優しい人ばかり。友達の悪口を言う人はいないし、とてもアットホームな雰囲気なので、修行に行くのがいつも楽しみです。

友だちいっぱいできたよ!

これもおいしーよ!

友だちがたくさんできる!

札幌本校	TEL.011-768-7734	仙台拠点	TEL.090-9808-3061
新潟開拓拠点	TEL.090-5194-8561	宇都宮本校	TEL.028-611-4780
北陸拠点	TEL.080-3460-3754	大宮本校	TEL.048-778-9047
東京本校	TEL.03-5750-0747	西東京本校	TEL.042-643-0722
HSU拠点	TEL.080-3757-0549	横浜本校	TEL.045-211-8022
名古屋本校	TEL.052-930-6389	京滋本校	TEL.070-3175-6971
大阪本校	TEL.06-6271-7787	神戸本校	TEL.078-381-6227
岡山開拓拠点	TEL.080-8823-9068	広島拠点	TEL.090-4913-7771
高松本校	TEL.087-802-3080	福岡本校	TEL.092-732-7200
長崎開拓拠点	TEL.080-9658-8012	沖縄本校	TEL.098-917-0472

全国支部校のお問い合わせは、**サクセスNo.1 東京本校**(TEL.03-5750-0747)まで。

メール info@success.irh.jp

幸福の科学グループの教育事業

幸福の科学学園
中学校・高等学校（那須本校）

幸福の科学学園（那須本校）は、幸福の科学の教育理念のもとにつくられた、男女共学、全寮制の中学校・高等学校です。自由闊達な校風のもと、「高度な知性」と「徳育」を融合させ、社会に貢献するリーダーの養成を目指しています。

〒329-3434
栃木県那須郡那須町梁瀬 487-1
TEL.0287-75-7777
FAX.0287-75-7779
[公式サイト]
www.happy-science.ac.jp
[お問い合わせ]
info-js@happy-science.ac.jp

幸福の科学学園
関西中学校・高等学校

滋賀県大津市、美しい琵琶湖の西岸に建つ幸福の科学学園（関西校）は、男女共学、通学も入寮も可能な中学校・高等学校です。発展・繁栄を校風とし、宗教教育や企業家教育を通して、学力と企業家精神、徳力を備えた、未来の世界に責任を持つ「世界のリーダー」を輩出することを目指しています。

〒520-0248
滋賀県大津市仰木の里東2-16-1
TEL.077-573-7774
FAX.077-573-7775
[公式サイト]
www.kansai.happy-science.ac.jp
[お問い合わせ]
info-kansai@happy-science.ac.jp

「エンゼルプランV」

信仰に基づいて、幼児の心を豊かに育む情操教育を行っています。また、知育や創造活動を通して、ひとりひとりの子どもの個性を大切に伸ばします。お母さんたちの心の交流の場ともなっています。

TEL 03-5750-0757
FAX 03-5750-0767
メール angel-plan-v@kofuku-no-kagaku.or.jp

不登校児支援スクール「ネバー・マインド」

幸福の科学グループの不登校児支援スクールです。「信仰教育」と「学業支援」「体力増強」を柱に、合宿をはじめとするさまざまなプログラムで、再登校へのチャレンジと、進路先の受験対策指導、生活リズムの改善、心の通う仲間づくりを応援します。

TEL 03-5750-1741
FAX 03-5750-0734
メール nevermind@happy-science.org

「ユー・アー・エンゼル！(あなたは天使！)運動」

障害児の不安や悩みに取り組み、ご両親を励まし、勇気づける、障害児支援のボランティア運動です。学生や経験豊富なボランティアを中心に、全国各地で、集いや各種イベントを行っています。保護者向けには、交流会や、講演・セミナー・子育て相談を行っています。

一般社団法人 ユー・アー・エンゼル
TEL 03-6426-7797
FAX 03-5750-0734
メール you.are.angel.japan@gmail.com

幸福《こうふく》の科学《かがく》の小冊子《しょうさっし》
毎月一回発行《まいつきいっかいはっこう》
心《こころ》と頭《あたま》を育《そだ》てる ヘルメス・エンゼルズ
Hermes Angels
No.256
なかよし家族になろう!
★これを読《よ》めば疑問《ぎもん》や悩《なや》みが解決《かいけつ》！
大川隆法先生《おおかわりゅうほうせんせい》のお言葉《ことば》
おたがいに助け合える家族になろう！
キミも読《よ》んでね！
「物事《ものごと》の善悪《ぜんあく》」や「夢《ゆめ》の見《み》つけ方《かた》」
「勉強《べんきょう》をする理由《りゆう》」「成績《せいせき》を上《あ》げるコツ」
など、大川隆法先生《おおかわりゅうほうせんせい》がわかりやすく
教《おし》えてくださいますよ！
宇宙人《うちゅうじん》がたくさん！
近未来宇宙《きんみらいうちゅう》マンガ
それは全てエルの神の考えで行われていることなんだ
そう彼らも神の手――
★心《こころ》と頭《あたま》がきたえられる！
仏法真理塾《ぶっぽうしんりじゅく》「サクセスNo.1《ナンバーワン》」の紹介《しょうかい》
★憧《あこが》れの先輩《せんぱい》が見《み》つかる！
幸福《こうふく》の科学学園《かがくがくえん》の紹介《しょうかい》
Q 学園にはどんな委員会があるんですか？
ご希望《きぼう》の方《かた》はこちらへ！
TEL.03-5793-1727【火《か》～金《きん》】10時《じ》～20時《じ》【土日祝《どにちしゅく》】10時《じ》～18時《じ》(月曜《げつよう》を除《のぞ》く)
FAX.03-5793-1713(24時間受付《じかんうけつけ》)
※幸福《こうふく》の科学《かがく》の全国《ぜんこく》の精舎《しょうじゃ》・支部《しぶ》・拠点《きょてん》・布教所《ふきょうしょ》にも用意《ようい》しています。

コミック・エンゼルズ

愛と勇気、夢と希望、親子や友情などが描かれた短編集。

マンガ
降魔法輪……さとうふみや
ぼくらの怪鳥島戦記……大石望
桜が咲く頃に……なんばらばん
きみと風になる……美村あきの

650円

コミック・エンゼルズ
クレタくん
パンとアガペーがやってきた

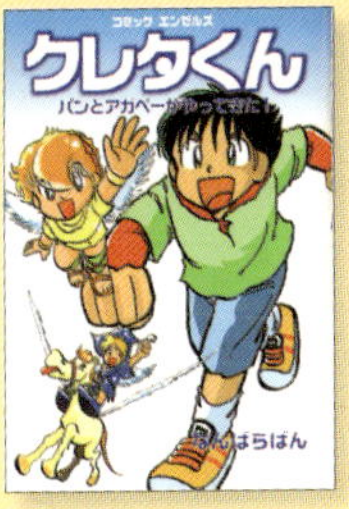

小学校4年生のクレタくんの心の成長が描かれた連作コミック。

マンガ／なんばらばん

650円

はばたけ！
ヘルメス・エンゼルズ
クレタくんと光の仲間たち

子どもにとって大切な心を楽しく学べる連作コミック第2弾。

マンガ／なんばらばん

476円

マンガ
「大悟の法」
常に仏陀と共に歩め

イジメをのりこえてたくましく成長する男の子の物語。

原著／大川隆法
マンガ／田中富美子
辻篤子

750円

マンガ
「常勝の法」

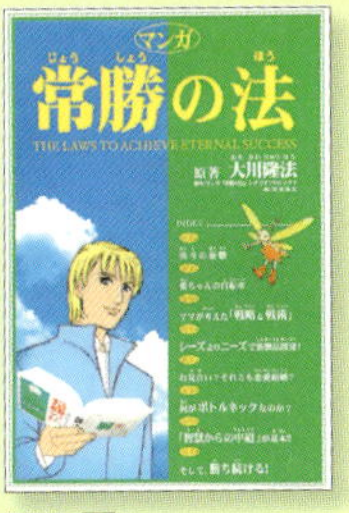

人生に成功するための大切な考え方が描かれた物語。

原著／大川隆法
脚本／マンガ『常勝の法』シナリオプロジェクト
画／黒須義宏

750円

※表示価格は本体価格（税別）です。

大川隆法 ベストセラーズ　理想の教育を目指して

夢は叶う
生徒が伸びる、個性が輝く
「幸福の科学学園」の教育

「学力」「徳力」「創造力」──。
この学園から、日本の教育が変わる！
2010年に創立した「幸福の科学学園」の数々の実績と魅力がこの一冊に。

1,500円

真のエリートを目指して
努力に勝る天才なし

幸福の科学学園で説かれた法話を収録。
「学力を伸ばすコツ」「勉強と運動を両立させる秘訣」など、未来を拓く心構えや勉強法が満載。

1,400円

心を育てる「徳」の教育

受験秀才の意外な弱点を分かりやすく解説。
チャレンジ精神、自制心、創造性など、わが子に本当の幸福と成功をもたらす「徳」の育て方が明らかに。

1,500円

※表示価格は本体価格（税別）です。